DE

LA MESURE DU TEMPS

ET RÉGLAGE

DES MONTRES ET HORLOGES

PAR

M. J. MAYETTE

ANCIEN ÉLÈVE DE L'ÉCOLE POLYTECHNIQUE, PROMOTION 1832
CHEF DE BATAILLON DU GÉNIE EN RETRAITE
CHEVALIER DE LA LÉGION D'HONNEUR
MEMBRE CORRESPONDANT DE LA SOCIÉTÉ D'AGRICULTURE, HISTOIRE NATURELLE
ET ARTS UTILES DE LYON
MEMBRE CORRESPONDANT DE L'ACADÉMIE DE MÂCON

LYON

IMPRIMERIE PITRAT AINÉ

DE

LA MESURE DU TEMPS

ET

DU RÉGLAGE DES MONTRES ET HORLOGES

DE

LA MESURE DU TEMPS

ET RÉGLAGE

DES MONTRES ET HORLOGES

PAR

M. J. MAYETTE

ANCIEN ÉLÈVE DE L'ÉCOLE POLYTECHNIQUE, PROMOTION 1832
CHEF DE BATAILLON DU GÉNIE EN RETRAITE
CHEVALIER DE LA LÉGION D'HONNEUR
MEMBRE CORRESPONDANT DE LA SOCIÉTÉ D'AGRICULTURE, HISTOIRE NATURELLE
ET ARTS UTILES DE LYON
MEMBRE CORRESPONDANT DE L'ACADÉMIE DE MACON

LYON

IMPRIMERIE PITRAT AINÉ

4, RUE GENTIL, 4

—

1890

AVERTISSEMENT

Cette œuvre, qui a pour but la régularisation de l'écoulement du temps, est divisée en trois parties ou chapitres.

Le premier chapitre indique les méthodes les plus simples et les plus économiques pour la détermination, en tous lieux, de l'heure moyenne ou civile des appareils d'horlogerie, heure préférable à l'heure vraie ou du soleil qui n'a pas la régularité désirable. Pour cela on se sert, soit des méridiennes ou gnomons fournissant midi vrai corrigé chaque jour par l'équation du temps qui est la différence calculée entre les temps vrai et moyen, soit des gares françaises de chemins de fer reproduisant constamment sur leurs horloges intérieures l'heure de Paris à 5 minutes près, heure qu'on rectifie en tenant compte et de ces cinq minutes de retard et de la longitude du lieu.

Le second chapitre traite de l'organisation des cadrans solaires ordinaires, c'est-à-dire, tracés sur un plan horizontal ou vertical, fournissant soit l'heure vraie ramenée à l'heure moyenne par l'équation du temps, soit l'heure moyenne elle-même, indiquée par une construction spéciale.

Ces deux chapitres sont un résumé suffisamment détaillé ou rappel des méthodes exposées dans tous les traités de gnomonique.

Il n'en est pas de même du troisième chapitre, dont le sujet, à notre connaissance, n'a été traité nulle part jusqu'à présent. Il a pour but la construction du cadran solaire équatorial de l'invention de feu l'abbé Guyoux, curé de Montmerle-sur-Saône (Ain).

Cet appareil, bien supérieur à tout ce qui existait, est, à notre avis, le cadran solaire de l'avenir. Aussi on en trouve l'éloge dans l'*Astronomie* de feu Delaunay, ancien directeur de l'Observatoire de Paris, qui par erreur l'a attribué à une autre personnalité pourvue de brevets, ainsi que nous l'expliquerons plus loin.

Dans ce troisième chapitre, nous avons exposé tous les détails de construction de cet appareil intéressant, de manière que, sans connaissance spéciale, on puisse l'exécuter partout, en se servant de quelque ouvrier intelligent, ce que nous avons eu l'occasion de vérifier.

A cette occasion, nous croyons devoir dire un mot de cette espèce d'épidémie municipale qui se propage actuellement sans motifs bien nets et bien sérieux. Il s'agit du remplacement de l'heure naturelle par l'heure de Paris, qualifiée pompeusement, par quelques municipalités, du nom ronflant d'*heure nationale*. C'est un recul dont on reviendra, quand il se trouvera, dans les assemblées élues, des hommes spéciaux en assez grand nombre pour se faire entendre. Cette question a été si mal étudiée, que beaucoup de municipalités, ignorant que nos chemins de fer retardent de cinq minutes sur Paris, (précaution prise contre les réclamations possibles des voyageurs), adoptent l'heure des gares, croyant se conformer à l'heure parisienne. Ce serait, il est vrai, une rectification facile malgré sa médiocre importance.

Si cette nouvelle mesure se généralisait complètement, il en résulterait de notables inconvénients pour les localités dont les méridiens sont distants de celui de Paris. Sans parler de l'accroc ainsi infligé aux lois géographiques, géodésiques, astronomiques, la conséquence serait un grand déplacement du milieu du jour ; et par suite deviendraient bien plus dissemblables les deux intervalles de temps semi-diurnes de midi au lever et au coucher du soleil.

En effet ces deux intervalles semi-diurnes, naturellement égaux d'après la marche du soleil, sont déjà altérés sensiblement par la réforme opérée au commencement du siècle en remplaçant par le temps moyen le temps vrai du soleil un peu variable et ne s'accordant plus avec la précision des appareils d'horlogerie perfectionnés. Ce qui produit pour ces intervalles de la matinée et de la soirée, une différence maximum de 33 et 27 minutes, double de l'équation du temps, qui s'élève à plus de 16 minutes le 3 novembre dans un sens et de 14 minutes le 11 février dans l'autre sens.

Par suite de la nouvelle mesure proposée et commencée dans quelques départements, cette défectuosité de l'inégalité des deux intervalles semi-diurnes provenant déjà de l'équation du temps, serait encore singulièrement aggravée pour les méridiens éloignés de Paris, par l'adoption de l'heure parisienne. Ainsi pour Brest, dont la longitude occidentale atteint presque 7°, il en résulterait un déplacement pour midi de plus de 27 minutes par l'avance ainsi imposée, et par conséquent une augmentation du double, 55 minutes dans la différence ou allongement de la matinée sur la soirée. Si l'on se reporte au 3 novembre où l'équation du temps produit déjà un allongement de 33 minutes, l'écart total sera de 88 minutes ou environ 1 heure et demie; et la journée de Brest à cette date, 3 novembre, d'une longueur de 9 heures 45 minutes déjà partagée en une matinée de 5 heures 9 minutes et une soirée de 4 heures 36 minutes, verra les deux intervalles semi-diurnes changés par la réforme en 5 heures 36 minutes et 4 heures 9 minutes.

Il est inutile de faire remarquer quel dérangement, quel désordre il en résulterait dans les habitudes des populations et dans la distribution journalière des périodes du travail pour les chantiers et les bureaux, sans parler de la violation si complète des lois naturelles astronomiques.

Ces inconvénients se manifestent de la même manière pour les localités à grandes longitudes orientales, mais en sens inverses, les soirées s'allongeant au détriment des matinées raccourcies. Nous avons exposé plus haut qu'au 11 février l'équation du temps, supérieure à 14 minutes, produisait cet effet d'une différence de 29 minutes pour les intervalles sémi-diurnes. Ainsi Bastia (Corse) aurait en ce jour sa soirée allongée de 29 minutes par l'équation du temps, et de 56 minutes par sa longitude 7° 7′, en tout 85 minutes prises sur la matinée.

De même pour Nice : 29 minutes plus 39 minutes et demie en totalité 68 minutes et demie ajoutées à la soirée.

Enfin pour Strasbourg, en supposant sa rentrée dans le domaine français et son adoption de cette singulière réforme négative, 29 minutes plus 44 minutes, en tout 73 minutes en augmentation de la soirée.

Pour les pays plus rapprochés de Paris, la différence des intervalles sémi diurnes se manifestera moins excessive,

et dans les deux sens, suivant les variations alors prépondé-
rantes de l'équation du temps sur l'influence des petites longitudes. Cependant il en résultera encore un peu de trouble
dans les habitudes.

Il est sans doute inutile de dire que cette nouvelle mesure,
dont l'étude serait de la compétence exclusive de l'Académie
des sciences ou de la Société de géographie, n'a qu'une médiocre importance pour les villes peu distantes du méridien
de Paris, comme Lyon, Valence, Marseille, etc. C'est pour
cela sans doute que cette prétendue réforme est essayée, dit-
on, dans quelques pays voisins à longitudes peu différentes
de celles de leurs capitales.

Peut-être serait-il intéressant de rappeler ou d'exposer
que le temps moyen remplaçant le temps vrai (du soleil) un
peu variable est obtenu par la marche calculée d'un soleil
fictif parcourant l'équateur d'un mouvement uniforme, et
procurant ainsi la régularité nécessaire pour les appareils
d'horlogerie.

Dans les observations précédentes sur cette innovation
bizarre du changement d'heure, on aurait pu rappeler que,
pour chaque localité (à Paris comme ailleurs), l'égalité naturelle des intervalles semi-diurnes a régné, tant qu'on s'est
servi exclusivement du temps vrai (du soleil), dont l'irrégularité astronomique devenue incommode a obligé de recourir
à l'heure dite moyenne fournie par un soleil fictif parcourant
l'équateur avec une vitesse uniforme. D'où a résulté, entre
les durées de la matinée et de la soirée de chaque jour, une
différence pouvant s'élever jusqu'à une demi-heure environ
au maximum tantôt dans un sens, tantôt dans l'autre, en passant par toutes les valeurs intermédiaires.

On a donc dû se résigner, pour obtenir des heures régu-

lières, à cet inconvénient peu important dans ces limites,
mais qui serait singulièrement aggravé par cette adoption de
l'heure parisienne, si, ne s'arrêtant pas aux villes voisines du
méridien de Paris, elle s'étendait aux villes qui en sont plus
éloignées, ainsi que nous l'avons exposé pour Brest, où elle
pourrait produire parfois entre la matinée et la soirée une
différence s'élevant jusqu'à 1 heure 27 minutes.

DE

LA MESURE DU TEMPS

ET

DU RÈGLAGE DES MONTRES ET HORLOGES

CHAPITRE I

Partout on éprouve le besoin de régler facilement les montres et pendules, surtout dans les habitations isolées et dans les localités dépourvues d'horloges publiques, quoique parfois celles-ci manquent d'exactitude.

Naguère, pour atteindre ce but, on avait pour ressource unique les moyens astronomiques; mais ainsi que nous l'exprimait récemment un de nos camarades, professeur d'astronomie à l'École polytechnique, membre de l'Académie des sciences et du Bureau des longitudes, les procédés astronomiques ont perdu notablement de leur importance, sous ce point de vue spécial, en raison de l'existence et de l'organisation des chemins de fer. En effet les gares sont partout pourvues de l'heure de la capitale du pays, où elles sont construites; en France c'est l'heure de Paris avec cinq minutes de retard, ménagées pour la commodité des voyageurs.

Pour savoir l'heure moyenne exacte d'un lieu quelconque en France, il suffirait donc de connaître la différence d'heure

entre Paris et le lieu de son habitation, en tenant compte de
ces cinq minutes.

Mais jusqu'à présent rien n'a été fait pour utiliser ce procédé commode. Il faudrait — avantage dont jouiront probablement les générations futures — il faudrait que sur chaque
façade de mairie, à côté de l'inscription politique ou civique:
Liberté, égalité, fraternité, on gravât la longitude du lieu,
c'est-à-dire la différence d'heure avec Paris. Avec nos pré-
tentions de progrès, il y aurait bien d'autres renseignements
à inscrire, par exemple, la latitude, c'est-à-dire, la distance
à l'équateur terrestre mesurée en degrés angulaires, sachant
qu'il y a 90 degrés de l'équateur au pôle, puis l'altitude ou la
hauteur au-dessus du niveau moyen de la mer (1).

Un autre renseignement intéressant qui manque partout,
c'est l'heure des levers et des couchers du soleil et de la lune.
On croit, à tort, la trouver sur l'almanach des postes et télégraphes publié dans chaque département sous l'autorisation
du Directeur départemental de cette administration, car on
se garde bien de relater que le tableau, où ces heures sont
consignées, ne s'applique qu'à Paris et aux lieux de même latitude. Cependant il y a parfois des différences importantes
d'un bout de la France à l'autre ; ainsi, par exemple, entre
Dunkerque et Perpignan, aux époques des solstices, en juin
et décembre, la différence entre la durée des jours peut
s'élever jusqu'à une heure et quatorze minutes. Aussi il est
probable que nos descendants seront dotés dans chaque
département d'un tableau spécial de ces levers et couchers
du soleil et de la lune afférent à la latitude du chef-lieu,

(1) Cette altitude pourrait servir à régler le *variable* du baromètre suspendu aussi avec
son thermomètre, en se rappelant que la pression atmosphérique moyenne au niveau de la
mer, est équivalente ou égale au poids d'une colonne de mercure de $0^m,76$ de hauteur, et que
la diminution de cette pression atmosphérique, à mesure qu'on s'élève, correspond à un
abaissement d'environ une division ou millimètre de la colonne mercurielle, pour chaque
exhaussement de 10 à 13 mètres suivant l'altitude

quand les Directeurs des postes et télégraphes auront reçu la mission obligatoire de faire ce petit travail très facile, vu qu'on le trouve tout préparé pour chaque latitude dans l'*Annuaire du Bureau des longitudes* publié chaque année.

Ces tableaux à inscrire sur les façades des mairies, des monuments scolaires, ou même des églises, devraient être l'œuvre des instituteurs ou des membres du clergé auxquels seraient enseignés ces documents dans les écoles normales et dans les séminaires. En attendant, MM. les ingénieurs des ponts et chaussées pourraient être chargés de ce travail.

Peut-être est-il opportun de rappeler quel rôle joue la longitude dans ces questions d'heures. D'abord tout le monde sait que tous les cercles passant par les deux pôles de la terre supposée sphérique, sans tenir compte de son léger aplatissement d'environ $\frac{1}{293}$ à ses deux pôles, sont des méridiens, et que la longitude est l'ordre que ces méridiens occupent successivement en partant du méridien de la capitale de chaque pays; car on n'a pas pu s'entendre pour la classification des divers méridiens, et pour la détermination d'un méridien universel de départ, ou zéro pour des longitudes classées de 0° à 180° à l'est et à l'ouest, ou de l'ouest à l'est.

Le soleil, dans son mouvement apparent de rotation quotidienne autour de la terre, traverse tous ces méridiens ou longitudes successivement, à raison de 15° par heure ou de 1° par quatre minutes; mais obéissant aux lois de l'attraction, il ne met pas exactement le même intervalle de temps pour revenir chaque jour au même méridien par des raisons astronomiques dépendant de l'inclinaison 23° 27′ de l'équateur sur l'orbite terrestre et de la distance variable de la terre au soleil dans son mouvement elliptique annuel. Par suite de cette irrégularité, on était obligé de rectifier souvent les horloges, en se conformant à l'heure du passage du soleil au méridien du lieu; c'était l'heure vraie. Pour parer à cet inconvénient, on a imaginé au commencement du siècle un soleil fictif à marche régulière de manière à diviser l'année en jours rigoureusement égaux, d'où est résulté ce qu'on appelle le *temps moyen* ou *civil*, dont nous nous servons exclusivement, lequel temps moyen ne concorde avec le temps vrai que quatre fois par an au milieu d'avril, au milieu de juin, à la fin d'août et à la fin de décembre, la différence appelée *équation du temps*, pouvant s'élever jusqu'à 16 minutes et tiers au commencement de novembre.

Cette méthode du temps moyen si avantageuse pour la marche régulière des appareils servant à mesurer le temps, entraîne quelquefois des anomalies par suite du sens de la différence entre les temps vrais et moyens. Parfois il arrive en effet que, lors de l'accroissement des jours, le soleil d'après le temps moyen se lève plus tard, tout l'accroissement se portant en retard de son coucher, tandis qu'en temps vrai, l'accroissement se partage entre le matin et le soir à peu près également.

Il est inutile de dire que cette adoption du temps moyen n'a pas changé le partage du jour en deux périodes égales de 12 heures, de minuit à midi et de midi à minuit, le jour civil partant de minuit. Cependant dans notre premier voyage à Rome en 1849 nous y avons trouvé une organisation d'heure assez défectueuse. Le jour comprenait et comptait une seule période de 24 heures dont le point de départ était variable, le jour commençait vaguement le soir à la sonnerie de l'*Ave Maria* (ce que nous appelons l'*Angelús*), de sorte qu'à chaque semaine il fallait corriger les montres et horloges, les avancer ou retarder, suivant la saison. Il est vrai qu'en raison de la latitude méridionale de Rome, les variations étaient peu importantes.

Après ces observations préliminaires ou digressions, nous allons étudier les divers moyens nous permettant de régler nos montres et horloges dans chaque localité.

Ainsi qu'on l'a exprimé plus haut, le moyen le plus simple serait de se procurer la différence avec l'heure moyenne de Paris dans le lieu considéré.

Mais si on n'est pas voisin d'une station de chemin de fer, et qu'on n'ait pas à sa portée d'autres moyens de corriger les écarts habituels des pièces d'horlogerie dont on dispose communément, il faut avoir dans son habitation un moyen simple de vérification ; c'est une méridienne ou gnomon qui fournit le moment précis du passage du soleil dans le méridien du lieu, c'est-à-dire, le midi vrai. Alors il est indispensable de connaitre chaque jour la différence entre le temps vrai et le temps moyen.

Cette différence, dite équation du temps, se trouve consignée quotidiennement sur le calendrier de l'*Annuaire du Bureau des longitudes* dans l'avant-dernière colonne de chaque première page du mois dudit calendrier, sous le titre : *Temps moyen au midi vrai*, et vis-à-vis chaque jour de l'année. A cette occasion nous ne pouvons nous empêcher d'exprimer que ce livre devrait être sur la table de tout le monde, car c'est une vraie bibliothèque, tellement il renferme de documents variés, dont le plus grand nombre sont à la portée même des gens n'ayant qu'une demi-instruction (1).

Il s'agit donc d'organiser une méridienne ou gnomon dans son domicile. On peut le faire sans frais, partout où on

(1) Il est à peu près gratuit et ne coûte que 1 fr. 50 pour les frais matériels d'impression, puisqu'il est rédigé d'après la *Connaissance des temps*, le *Bréviaire* des marins, par un corps de savants payés par l'Etat. Et si le ministre de l'instruction publique était toujours lui-même un savant, au lieu d'être un personnage marquant dans la politique, il est hors de doute que ce livre figurerait au premier rang dans toutes les bibliothèques publiques, et serait un des principaux prix distribués dans les lycées et collèges. Il y aurait là un grand avantage et les parents des élèves lauréats, qui ne connaissent généralement pas ce livre, pourraient en profiter largement.

possède une porte ou fenêtre exposée au soleil de midi. Après s'être procuré l'heure moyenne par un procédé quelconque, horloge réglée d'une ville ou d'une station de chemins de fer, avec la correction de la différence de longitude avec Paris, on en déduira l'heure vraie d'après l'*Annuaire du Bureau des longitudes*, et à midi vrai on n'aura qu'à tracer sur le plancher d'une chambre l'ombre A B du montant vertical A d'une fenêtre ou d'une porte, ou l'ombre A′ B′ d'une des persiennes fermées (fig. 1). Ce trait sera la méridienne, et on est sûr qu'en chaque jour de l'année à midi vrai, cette même ligne d'ombre se reproduira invariablement sur le plancher. On pourra ainsi, à chaque jour d'éclairage par le soleil et en tenant compte de l'équation du temps, c'est-à-dire de la différence entre les deux temps, vrai et moyen, fournie par le calendrier de l'*Annuaire du Bureau des longitudes*, régler tous les appareils d'horlogerie d'une habitation, d'un hameau, d'un village, et cela à une fraction de minute près.

Si l'on désirait une plus grande exactitude, il serait facile de l'obtenir par le même procédé, avec une légère modification.

On fixerait au haut de la fenêtre (fig. 2) une petite tige verticale C D d'environ $0^m,20$ de longueur, scellée dans le couronnement de la fenêtre ou attachée à la demi-persienne fermée. C'est cette tige qui produirait l'ombre méridienne tracée dans la chambre par l'un des moyens que nous venons d'indiquer.

Un fil F (fig. 3) tendu dans le plan méridien serait à midi vrai couvert en partie par l'ombre de la tige C D, qui l'empêcherait de voir la portion centrale H I du soleil, quand le centre de cet astre serait dans le méridien du lieu, et déterminerait son midi vrai ; mais alors le soleil serait divisé en trois parties, la centrale H I cachée par la tige C D pour le fil F et invisible pour lui, qui ne serait éclairé que par les parties

latérales de l'astre GH à l'est et IK à l'ouest. D'où résulterait
pour ledit fil F, sur une feuille de papier blanc présentée en
dessous, deux ombres d'égale intensité pendant environ
une seconde, pendant le passage du centre solaire O au
méridien, l'ombre Ouest s'effaçant rapidement, et l'ombre
Est augmentant. En effet la marche apparente du soleil
est rapide, puisqu'il parcourt son diamètre dans le ciel en
deux minutes seulement.

Nous nous servons souvent de ce procédé peu connu pour
le réglage de nos appareils horaux solaire et mécanique. On
peut d'ailleurs le reproduire et le vérifier à toute heure du
jour, et même la nuit en remplaçant le soleil par la lampe
de la veillée, la tige par un simple rayon ; car un fil tendu
dans la direction de la lampe et du rayon fournira encore,
sur le papier placé en dessous, une ombre double.

A défaut des moyens précédents pour obtenir la méridienne,
on se la procurerait facilement, s'il existait dans le voisinage
une méridienne déjà établie et rapprochée; on la tracerait en
reportant le midi vrai de cette dernière, au même instant,
par un signal optique ou acoustique, pourvu que la différence des longitudes fût faible.

Si ce procédé n'était pas applicable, on prendrait midi avec
une bonne montre et le lendemain à midi on pourrait tracer
sa méridienne. Il en serait de même et plus exactement, si
on avait à sa disposition un cadran solaire dont on prendrait
l'heure le matin avec sa montre, et à midi on marquerait la
méridienne projetée, en tenant compte de la différence en
longitude fournie par la carte d'Etat-Major, sachant qu'une
distance de 20 à 25 kilomètres en longitude produirait une
minute d'avance ou de retard, suivant que l'expérimentateur
habiterait à l'est ou à l'ouest de l'appareil solaire consulté.

Enfin si l'on n'avait pas à sa disposition l'un des divers

procédés simples et commodes signalés précédemment, il faudrait avoir recours aux méthodes astronomiques d'une application facile et que nous allons passer en revue.

Aux deux équinoxes, printemps et automne, c'est-à-dire, aux deux jours de l'année (20 ou 21 mars, 22 ou 23 septembre) où le soleil traverse l'équateur, l'ombre d'un point matériel fixe quelconque, soit l'extrémité d'une tige, par exemple, décrit une ligne droite sur tout plan horizontal ; toute perpendiculaire à cette droite est une méridienne. Il est inutile de dire que l'opération n'est pas d'une exactitude absolue, à cause du petit mouvement en déclinaison du soleil pendant la journée de l'équinoxe, mais l'erreur est si peu sensible que, sans grand inconvénient, on peut encore faire l'opération la veille ou le lendemain de l'équinoxe.

Le soleil fournit encore un moyen facile de tracer la méridienne à toute époque de l'année, mais surtout aux solstices (21 juin et 21 décembre), parce qu'à cette époque le soleil ne varie pas en déclinaison et reste stationnaire, ainsi que l'indique l'étymologie de ce mot *solstice*. C'est donc un peu après le milieu de juin et de décembre qu'il convient de faire l'opération par les hauteurs correspondantes du soleil, opération exposée à la page 139 de l'*Annuaire du Bureau des longitudes* de 1888.

Voici quelques développements sur le procédé indiqué dans l'*Annuaire :* l'ombre d'un point fixe matériel P décrit chaque jour et plus exactement aux solstices sur un plan horizontal une branche d'hyperbole *casbd,* dont le sommet *s* (fig. 4) est dans le méridien passant par ce point fixe P, avec ses deux demi-branches *cas* et *sbd* égales et telles qu'à deux heures, l'une du matin, l'autre du soir, éloignées également du midi vrai, la longueur des ombres *oa*, *ob* ou *oc*, *od*, mesurées du pied O de la verticale abaissée du point fixe P sur le plan horizontal, jusqu'à ses extrémités *a* et *b*, ou *c* et *d*,

sont égales ainsi deux à deux. Du point O projection horizontale du point fixe P, comme centre, on trace plusieurs
arcs de cercle *ab* et *cd*, et la méridienne se trouve en joignant
les milieux, *e* et *f*, des cordes *ab* et *cd* à la projection O du
point fixe. Comme on le voit, on n'a pas besoin de tracer
l'arc d'hyperbole *csd*, et il suffit de marquer les points de
rencontre de l'ombre avec les arcs de cercle. Conformément
aux indications de la page 139 de l'*Annuaire*, ce procédé,
sans être compliqué, a exigé l'établissement de quelques
piquets, et d'une planche horizontale sur laquelle on a tracé
le ou les arcs de cercle nécessaires à l'opération. Mais il est
possible de simplifier dans le cas où l'on aurait une fenêtre
exposée au midi, comme on l'a indiqué plus haut (fig. 1 et 2).
Alors à un des battants de la croisée, ou à une des persiennes
ou volets serait attaché le point fixe, qui, au lieu de sa projection O, serait pris pour centre des arcs de cercle décrits
sur le plancher de la chambre éclairée par la fenêtre. Alors
la méridienne sera tracée sur le plancher au moyen d'un fil
à plomb A au nord (fig. 4) promené jusqu'à ce qu'il couvre à
l'œil les milieux *f* et *e* des arcs et le point fixe P.

Il existe deux procédés astronomiques beaucoup plus par-
faits que les précédents, pour tracer une méridienne, au
moyen de l'étoile polaire. Ils sont encore indiqués dans
l'*Annuaire du Bureau des longitudes*, pages 140 et 141 de 1888.
Ainsi l'étoile polaire actuellement distante du pôle nord seulement de 1° 20′ (c'est-à-dire de deux fois et demie la largeur de la lune ou du soleil) décrit quotidiennement sa
circonférence autour du pôle comme toutes les autres étoiles,
comme tous les astres, et traverse deux fois par jour en *m* et
n le méridien *m n c*. Les heures de ces passages sont indiquées
par décades chaque année dans le même annuaire, page 290
de celui de 1888. Nous avons fait bien souvent cette opération qui n'est pas difficile et n'exige aucun instrument. Un

seul fil à plomb suffit ; il est attaché de manière à être invariable pendant l'opération ; le fil est le plus fin possible, puisqu'il doit cacher et couvrir l'étoile polaire sans donner prise au vent.

On soustrait à son action le plomb ou la pierre suspendue en les plongeant dans un vase plein d'eau pour amortir toute oscillation. On a soin d'éclairer un peu le fil blanc du fil à plomb au moyen d'une bougie ou lanterne tenue derrière la tête de l'observateur, afin qu'il ne soit pas ébloui par sa clarté qui empêcherait de percevoir la lumière de l'étoile polaire. Au lieu du second fil à plomb mobile indiqué par l'*Annuaire*, nous avons reconnu préférable de faire promener en avant par un aide, un charbon en ignition ou un cigare allumé, jusqu'à ce que l'œil placé derrière le fil à plomb, voie dans le même plan vertical ce fil, la polaire et le point en ignition ; alors on marque sur le sol ou sur un mur en face, le point d'arrêt de l'objet incandescent. Et la ligne de jonction de ce point avec le fil à plomb sera la méridienne cherchée, d'autant plus exacte que l'aide aura été plus éloigné. Bien entendu, l'heure moyenne de Paris, indiquée à la page 290 de l'*Annuaire*, aura été remplacée, autant que possible, par l'heure du lieu en vertu de la différence de longitude.

Vu sa proximité du pôle, l'étoile polaire a une marche très lente, et une erreur de quelques minutes, pour le moment ainsi réglé de l'opération, n'aura pas une influence bien sensible sur son exactitude, quoique son mouvement soit alors perpendiculaire à la méridienne, dont elle s'écarte le plus rapidement possible dans cette position.

Dans la méthode précédente, pour tracer la méridienne par le moyen du passage de l'étoile polaire au méridien, on a été obligé de prendre l'heure de ce phénomène sur le tableau page 290 de l'*Annuaire du Bureau des longitudes* de

1888, mais comme cet ouvrage n'est malheureusement pas répandu, on peut à la rigueur s'en passer pour cette opération, l'heure nécessaire étant à peu près écrite dans le ciel lui-même, ainsi que nous allons l'expliquer :

Tout le monde connait la constellation de la Grande-Ourse sous le nom de Chariot-de-David, qui est constamment sur l'horizon en France, ne se couchant jamais. On sait également que la Petite-Ourse est une constellation de la même forme, mais plus petite et de situation renversée. Profitons de l'occasion pour rappeler que l'étoile polaire, voisine du pôle boréal, est la dernière de la queue de la Petite-Ourse et se trouve sur le prolongement du côté extérieur $a\,c$ du carré de la Grande-Ourse. Disposition qui aide beaucoup à reconnaître et retrouver cette étoile intéressante.

Or la ligne joignant le pôle à l'étoile polaire et prolongée jusqu'à la Grande-Ourse passe constamment dans l'intervalle $\zeta\,\varepsilon$ du milieu de la queue de cette brillante constellation. Si on saisit l'instant où le fil à plomb, fixé préalablement, couvre cette ligne horaire, c'est-à-dire, à la fois la polaire et un point de l'intervalle $\zeta\,\varepsilon$ du milieu de la queue de la Grande-Ourse, la visée sera dans le plan méridien, et on pourra arrêter le point en ignition promené en avant par l'aide de l'observateur.

Mais au lieu d'observer l'étoile polaire à son passage au méridien, si on choisit l'heure de l'une de ses plus grandes élongations ou digressions en P à l'est, ou Q à l'ouest (fig. 5) heures indiquées à la page 289 du même *Annuaire* de 1888, une erreur de plusieurs minutes dans le moment de l'observation n'aura pas d'influence sur son exactitude, puisqu'alors l'étoile marche dans la direction du rayon visuel C P ou C Q (fig. 5). Ce dernier procédé est donc le plus parfait pour obtenir la méridienne cherchée; dans le tableau relaté de la page 289 de l'*Annuaire*, on trouve en regard de chaque

latitude l'azimut correspondant, c'est-à-dire, l'angle Q C O des figures 5 et 6 que fait avec la méridienne la direction prise de la plus grande digression de l'étoile polaire à l'ouest.

La méridienne serait C Q (fig. 6) pour cette digression occidentale, mais si la digression choisie était l'orientale, ce serait P C qui serait la méridienne.

Pour mesurer sur le terrain cet angle horizontal, il faudrait un instrument goniométrique. Nous pensons qu'il serait plus commode de se passer d'un tel appareil qu'on n'a pas toujours à sa disposition. Dans ce but, nous remplaçons les angles par leurs tangentes que nous mettons en regard des azimuts de l'*Annuaire* dans le tableau suivant et pour les mêmes latitudes boréales de 30° à 52°.

Ces tangentes correspondent au rayon 1. Pour un autre rayon, il faudrait multiplier par ce rayon la tangente correspondante. Exemple, pour la latitude 45° 45' 50" de Lyon, la tangente calculée par interpolation serait 0,03218. Pour tracer la méridienne on prendrait sur l'alignement C O, si c'était possible, 10^m pour rayon, et la tangente O Q de 0,3218 fournirait perpendiculairement à l'alignement, le point Q qui permettrait de tracer la méridienne C Q. (fig. 6.)

Peut-être est-il intéressant de faire remarquer que nos descendants auront plus de facilité pour déterminer la méridienne au moyen de l'étoile polaire, par la raison que le pôle boréal terrestre décrivant autour du pôle de l'écliptique une circonférence en 26.000 ans, se rapproche de plus en plus de l'étoile polaire actuelle dont elle n'est éloignée maintenant que de 1° 20' (c'est-à-dire, de 2 fois et demie la largeur de la lune ou du soleil). Elle s'en rapprochera encore pendant 3 siècles, de manière à réduire cette distance à

un minimum d'un demi-degré (c'est-à-dire, à une largeur
de lune). Il en résultera en effet que, pendant la période de
moindre écartement, la rotation apparente diurne de l'étoile
polaire sera plus lente, et ses digressions quotidiennes,
moins accentuées.

LATITUDES BORÉALES	TANGENTES	LATITUDES BORÉALES	TANGENTES
30°	0,02593	42°	0,03022
31°	0,02620	43°	0,03071
32°	0,02648	44°	0,03122
33°	0,02678	45°	0,03176
34°	0,02709	46°	0,03233
35°	0,02741	47°	0,03293
36°	0,02776	48°	0,03356
37°	0,02811	49°	0,03423
38°	0,02851	50°	0,03494
39°	0,02890	51°	0,03569
40°	0,02932	52°	0,03648
41°	0,02976	»	» »

Tels sont les procédés simples au moyen desquels toute
personne même sans connaissances spéciales, et sans instru-
ments, et même sans dépenses, peut établir une méridienne
ou gnomon qui lui permettra de régler constamment ses
appareils d'horlogerie.

On pourra encore rendre cette méridienne plus intéressante, en y marquant au moins les saisons ou même tous les
signes du zodiaque. (Voir page 139 de l'*Annuaire* de 1888.)

Pour ce faire, aux dates indiquées, on marquera les points
où aboutira l'ombre du point fixe sur la méridienne ou du
midi vrai. Ce point fixe à l'extrémité supérieure P de la tige
A P (fig. 7) sera avantageusement un trou ou œil percé dans

une petite plaque de zinc inclinée vers le sud à **45°** (demi-angle droit).

On pourra encore sur la méridienne marquer les divers degrés de déclinaison consignés à midi dans la 4ᵉ colonne de la 1ᵉ page de chaque mois dans le calendrier de l'*Annuaire du Bureau des longitudes*, sachant que la déclinaison solaire est la distance angulaire du soleil à l'équateur, variant comme suit : de 0° équinoxe du printemps à 23° 27' boréale maximum constituant le solstice d'été, puis rétrogradant de 23° 27' boréale à 0° équinoxe d'automne, remontant ensuite au sud à 23° 27' australe maximum donnant le solstice d'hiver, et enfin rétrogradant de ces 23° 27' maximun dans l'hémisphère austral pour revenir à 0° équinoxe du printemps d'une nouvelle année.

La méridienne ainsi tracée et pourvue seulement des indications des saisons aura la figure B C D dont les longueurs et distances varient selon les latitudes, ainsi que l'indique le tableau suivant afférent à quelques latitudes différentes.

VILLES	LATITUDES	DISTANCE A B AU SOLSTICE D'ÉTÉ	DISTANCE A C AUX ÉQUINOXES	DISTANCE A D DU SOLSTICE D'HIVER
Dunkerque. .	51° 2' 12"	0,5224	1,2364	3,6018
Paris Observatoire.	48° 50' 11"	0,4745	1,1436	3,1303
Lyon. . . .	45° 45' 50"	0,4105	1,0271	2,6348
Perpignan. .	42° 42' 2"	0,3492	0,9228	2,2662
Alger. . . .	36° 47' 16"	0,2370	0,7478	1,7485

Ces nombres correspondant à la hauteur verticale P A égale à 1 mètre, il faudra pour toute autre hauteur les multiplier par cette autre hauteur.

CHAPITRE II

Dans le chapitre précédent, nous avons indiqué les méthodes les plus simples pour régler les montres et horloges,
en se procurant l'heure vraie du lieu, et par suite l'heure
moyenne, en se servant de la correction (équation du temps)
fournie quotidiennement par le calendrier de l'*Annuaire du
Bureau des longitudes*. Nous allons continuer notre étude par
l'exposé des moyens plus compliqués et aussi plus complets
pour arriver au but désiré, la détermination horaire. Il s'agit
des cadrans solaires, principalement des cadrans horizontaux sur une tablette de jardin, ou verticaux sur un mur quelconque à bonne exposition solaire, puis quelquefois des
cadrans équatoriaux bien supérieurs aux précédents et fournissant à tout instant de la journée, aussi bien l'heure
moyenne que l'heure vraie avec une exactitude exception-
nelle d'une fraction de minute.

La construction des cadrans solaires horizontaux et verticaux est indiquée dans les nombreux traités de gnomonique,
notamment dans l'*Annuaire du Bureau des longitudes*,
page 138 de celui de 1888.

A part quelques rares exceptions, leur condition essen-
tielle est généralement d'avoir pour indicatrice de l'heure,
l'ombre d'une aiguille ou style parallèle à l'axe de rotation
terrestre, style forcément placé dans le méridien perpendiculairement à l'équateur, position qui l'oblige à une inclinaison variable, précisément égale à la latitude du lieu. La

connaissance de cette latitude est donc indispensable ; on la trouvera pour tous les chefs-lieux d'arrondissements français, dans le grand tableau commençant à la page 430 de l'*Annuaire du Bureau des longitudes* de 1888, et aussi pour beaucoup d'autres pays dans le tableau page 417 du même ouvrage. On pourra aussi recourir à notre belle carte d'Etat-Major dans le même but.

Pour guider et faciliter la pose de ce style, on se servira d'un gabarit ou équerre à branches horizontale et verticale (fig. 8) formée de trois liteaux cloués ensemble avec les dimensions consignées dans le tableau suivant, qui comprend toutes les latitudes de demi-degrés en demi-degrés de 30° à 52° et demi.

Ce gabarit servira pour toute longueur d'aiguille, et les nombreuses décimales du tableau seront utilisées, soit pour modifier la grandeur de l'équerre, en multipliant par un même nombre ses trois côtés, soit surtout pour les interpolations nécessitées par des latitudes différentes des degrés entiers et des demi-degrés du tableau. Ainsi par exemple : pour Lyon à la latitude 45° 45′ 50″ ou 45° 46′, les dimensions exactes des branches verticale et horizontale seraient 0,71647 et 0,69762, et l'interpolation par une simple règle de société fournirait 0,71629 et 0,69778 avec erreurs insignifiantes de quelques dix-millièmes seulement.

Voici comment s'effectuera sur un mur vertical la pose du style par un ouvrier quelconque, dépourvu de toute connaissance spéciale. L'emplacement du cadran étant préparé par un enduit, on percera en haut le trou où devra être scellée l'aiguille, trou qui sera le centre du cadran, d'où partiront et où se réuniront toutes les divisions horaires du cadran. Sous ce trou ou point central, on marquera avec un fil à plomb une droite verticale qui sera la méridienne ou la ligne de midi vrai. On calera un peu dans ce trou ladite aiguille

TABLEAU DES DEUX BRANCHES DU GABARIT OU ÉQUERRE
Pour la pose du style d'un cadran solaire en diverses latitudes.

LATITUDES	BRANCHE VERTICALE	BRANCHE HORIZONTALE	LATITUDES	BRANCHE VERTICALE	BRANCHE HORIZONTALE
30°	0,50000	0,86603	41°30′	0,66263	0,74896
30°30′	0,50754	0,86163	42°	0,66913	0,74314
31°	0,51504	0,85717	42°30′	0,67559	0,73728
31°30′	0,52250	0,85264	43°	0,68200	0,73135
32°	0,52992	0,84805	43°30′	0,68835	0,72537
32°30′	0,53730	0,84339	44°	0,69466	0,71934
33°	0,54464	0,83867	44°30′	0,70091	0,71325
33°30′	0,55194	0,83389	45°	0,70711	0,70711
34°	0,55919	0,82904	45°30′	0,71325	0,70091
34°30′	0,56641	0,82413	46°	0,71934	0,69466
35°	0,57358	0,81915	46°30′	0,72537	0,68836
35°30′	0,58070	0,81412	47°	0,73135	0,68200
36°	0,58778	0,80902	47°30′	0,73728	0,67559
36°30′	0,59482	0,80386	48°	0,74314	0,66913
37°	0,60182	0,79863	48°30′	0,74896	0,66262
37°30′	0,60875	0,79335	49°	0,75471	0,65606
38°	0,61566	0,78801	49°30′	0,76041	0,64945
38°30′	0,62252	0,78261	50°	0,76604	0,64279
39°	0,62942	0,77715	50°30′	0,77162	0,63608
39°30′	0,63608	0,77162	51°	0,77715	0,62932
40°	0,64279	0,76604	51°30′	0,78261	0,62252
40°30′	0,64945	0,76041	52°	0,78801	0,61566
41°	0,65606	0,75471	52°30′	0,79335	0,60875

appuyée et maintenne sur le gabarit, et à midi vrai déterminé par un des procédés du chapitre précédent, l'ombre de l'aiguille devra couvrir exactement la verticale ci-dessus tracée. On pourra alors sceller l'aiguille, puisqu'elle sera dans le méridien et aura l'inclinaison voulue déterminée par le gabarit.

Ayant ainsi l'heure de midi vrai, il sera facile, sans aucun calcul ni procédé géométrique, de tracer toutes les divisions horaires, heures, demi-heures et quarts d'heures, de la manière suivante, et en choisissant de préférence, pour plus d'exactitude l'époque de l'année où les ombres solaires sont les plus longues sur les cadrans, c'est-à-dire, l'hiver pour un cadran horizontal, et l'été pour un cadran vertical. Au moyen d'une montre ordinaire réglée sur le midi du cadran solaire lui-même, on marquera toutes les divisions horaires du soir, par l'ombre de l'extrémité ou sommet du style, car la montre n'aura pas eu le temps de se déranger.

Quant aux divisions du matin, voici la méthode à employer, si l'on n'est pas sûr de l'exactitude de la montre. Supposons qu'on veuille marquer 7 heures du matin ; avec la montre réglée la veille à midi du cadran, on marquera successivement 7 heures moins 2 minutes, 7 heures moins 1 minute, 7 heures, 7 heures 1 minute, 7 heures 2 minutes. On fera la vérification à midi du cadran. Si alors la montre indique exactement midi, 7 heures sera bien tracé ; si elle avait par exemple retardé d'une minute, ce serait la marque de 7 heures et 1 minute qui serait la bonne. Le lendemain, la montre réglée sur 7 heures permettrait de tracer toutes les divisions horaires jusqu'à midi.

Ce procédé simple peut être utilisé, pour transporter une méridienne d'un lieu à un autre, soit à petite distance, soit même à grande distance en tenant compte de la différence de longitude, s'il en est besoin. Nous nous en sommes servi quelquefois, notamment dans la circonstance suivante : étant en hivernage sur le lac de Garde, et voulant établir une méridienne dans notre domicile, nous avons été obligé d'en tracer préalablement une, au moyen de l'étoile polaire, à quelque distance du bourg, étant gêné pour cette opération et par le lac, et par les grandes serres de citronniers (culture et industrie principales du pays) qui encombraient les environs. Puis il a fallu transporter cette méridienne sur la façade de notre maison. Dans ce but, un aide ayant réglé sa montre sur celle de l'opérateur, s'en est servi pour relever l'heure de midi vrai sur la méridienne extérieure, et en même temps l'opérateur lui-même marquait sur son mur par l'ombre d'une tige verticale, avec sa montre, successivement midi moins 3 minutes, moins 2 minutes, moins 1 minute, midi, midi 1, 2, 3 minutes. Ce qui lui a permis de tracer exactement midi vrai dans son habitation, au moyen de l'heure lue et rapportée par l'aide sur sa montre après un bon réglage.

Avec la simple méridienne ou gnomon de notre chapitre précédent, nous pouvions régler nos appareils d'horlogerie en nous servant de la différence entre les temps vrai et moyen consignée quotidiennement dans le calendrier de l'*Annuaire du Bureau des longitudes*; et cette opération n'était possible qu'à midi vrai des jours éclairés par le soleil. Mais nous venons de réaliser un grand progrès au moyen de l'établissement d'un cadran solaire, qui nous permet de régler nos montres à toute heure de la journée.

Mais ce n'est pas tout; on peut organiser les cadrans solaires, et même à la rigueur les gnomons de manière à leur faire indiquer directement l'heure moyenne. Nous allons essayer de faire connaître les moyens d'arriver à ce résultat intéressant, sans calculs ni connaissances spéciales.

Toute personne est apte à cette œuvre, le tracé d'une méridienne du temps moyen, qui est une courbe appelée lemniscate en forme d'un 8 allongé, étroit en haut et large en bas, et qui fournira chaque jour le midi moyen nécessaire au réglage des appareils d'horlogerie, quand on ne voudra pas consulter l'*Annuaire du Bureau des longitudes* pour connaître la différence des temps vrai et moyen. Il suffira tous les deux ou trois jours de marquer un point de cette courbe, au moyen de cette différence quotidiennement indiquée dans l'avant-dernière colonne (temps moyen au midi vrai) de la page gauche de chaque mois du calendrier de l'*Annuaire du Bureau des longitudes*. Le temps moyen est tantôt en avance, tantôt en retard sur le temps vrai. Examinons ces deux cas. Prenons un jour au hasard, par exemple le 1ᵉʳ octobre. Son temps moyen au midi vrai est 11 heures 49 minutes 27 secondes, c'est-à-dire, retarde de 10 minutes 33 secondes sur le midi vrai. Donc 10 minutes 33 secondes plus tard, on arrivera au midi moyen, qui devra conséquemment être marqué sur le cadran à midi 10 minutes 33 secondes, intervalle de temps mesuré avec une montre. Et ce point appartiendra nécessairement à la méridienne cherchée du temps moyen. Si au contraire le temps moyen est en avance sur le temps vrai, comme au 1ᵉʳ août par exemple, où le midi moyen est d'après l'*Annuaire* à midi vrai plus 6 minutes et 2 secondes, soit 6 minutes, on marquera donc l'extrémité de l'ombre du style à midi 6 minutes au moyen d'une montre, réglée sur le temps vrai, et ce point fera encore partie de la méridienne cherchée du temps moyen. En joignant tous les points du midi moyen déterminés de cette façon, on aura la courbe méridienne du temps moyen. Pour plus de facilité dans ce tracé, on aura eu le soin de marquer quelques points remarquables, comme les quatre points de coïncidence des deux espèces de temps, qui ont lieu, ainsi que nous l'avons déjà exposé, quatre fois par an, au milieu d'avril et de juin, et à la fin d'août et de décembre. On n'oubliera pas non plus le point de croisement des deux branches de la courbe au milieu d'avril tout près de l'une des coïncidences dont nous venons de parler, ni les deux sommets rapprochés des solstices en juin et décembre. Ainsi qu'on le voit, ce tracé n'est pas difficile, est à la portée de tout le monde, mais il a l'inconvénient de demander du temps. Cependant si on avait à sa disposition un mathématicien connaissant les éléments de la trigonométrie, on pourrait tracer de suite cette courbe, ainsi que nous allons en donner un spécimen appliqué à la latitude de Lyon, 45° 45′ 50″. Pour cela, il faut calculer les déclinaisons solaires, et les indiquer sur la méridienne vraie, ou la ligne de midi, ou la verticale tracée sous son centre. (Voir la figure 10).

Rappelons ce qu'on entend par cette expression astronomique. Nous savons tous que le soleil, dans sa marche annuelle apparente autour de notre petit globe, s'écarte alternativement de 23° 27′ (voir la figure 9) de notre équateur EE′ dans chaque hémisphère. Lors de notre printemps, le soleil part de l'équateur E et monte de 23° 27′ pour arriver en A; c'est l'été qui commence, il redescend en E, c'est l'automne ; il continue de descendre dans l'hémisphère austral jusqu'en B, de 23° 27′. Nous, habitants de l'autre hémisphère, nous entrons en hiver. Alors il recommence à monter de notre côté, et nous ramène le printemps, quand il traverse de nouveau l'équateur en E. Et ainsi de suite en recommençant. Puis, s'il s'agit d'un cadran vertical, un jour d'été, à l'époque de la plus grande longueur des ombres du style, on aura eu le soin de tracer les divisions horaires complètes de minute en minute, ou de deux minutes en deux minutes depuis midi moins un quart jusqu'à midi et quart, en joignant les points ainsi marqués de l'ombre portée par le sommet ou extrémité du style, au centre du cadran, c'est-à-dire, au point d'entrée ou d'insertion de cette aiguille dans le mur.

Au moyen de ces deux documents ou éléments, déclinaisons solaires et divisions horaires rapprochées de 11 heures trois quarts à midi un quart, on tracera facilement la méridienne du temps moyen.

Reprenons comme exemples les dates que nous avons citées plus haut. Au 1er octobre, le midi moyen est, comme nous l'avons exposé, à l'heure vraie du cadran, midi 10 mi-

DE LA MESURE DU TEMPS

CALCUL DES DÉCLINAISONS SOLAIRES POUR UN CADRAN SOLAIRE

Log. sin l = 9,85519 87. Log. cos l = 9,84361 69.
sin l = 0,71647. cos l = 0,69762.

d a déclinaison australe	l + d^a	Log. cotg $\left(l \pm d^{a}_{b}\right)$	$\dfrac{\text{Log. cos } l + \text{Log. cotg } \left(l \pm d^{a}_{b}\right)}{\cos l \, \text{cotg} \left(l \pm d^{a}_{b}\right)}$	d^a déclinaison austr.	l + d^a
23°27'10" 21 décemb. ♑ Capricorne solstice d'hiver.	69°13'	9,57924 79	9,42286 48 0,26477	8°.	53°45'50"
23°.	68°45'50"	9,58950 25	9,43311 94 0,27109	7°.	52°45'50"
22°.	67°45'50"	9,61154 05	9,45515 74 0,28520	6°.	51°45'50"
21°.	66°45'50"	9,63280 82	9,47642 51 0,29952	5°.	50°45'50"
20°9'38". . . . . Verseau ♒ 20 janvier. Sagitaire ♐ 21 novembre.	65°55'28"	9,65012 26	9,49373 95 0,31170	4°.	49°45'50"
20°.	65°45'50"	9,65338 19	9,49699 88 0,31405	3°.	48°45'50"
19°.	64°45'50"	9,67332 91	9,51694 60 0,32881	2°.	47°45'50"
18°.	63°45'50"	9,69270 96	9,53632 65 0,34381	1°. . . . . d boréale.	4C°45'50" (l − d b)
17°.	62°45'50"	9,71157 71	9,55519 40 0,35908	0°. . . . . . Bélier, ♈ 20 mars. Balance, ♎ 22 sept.	45°45'50"
16°.	61°45'50"	9,72998 00	9,57359 69 0,37462	1°.	44°45'50"
15°.	60°45'50"	9,74796 19	9,59157 88 0,39046	2°.	43°45'50"
14°.	59°45'50"	9,76556 27	9,60917 96 0,40661	3°.	42°45'50"
13°.	58°45'50"	9,78281 88	9,62643 57 0,42309	4°.	41°45'50"
12°.	57°45'50"	9,79976 37	9,64338 06 0,43993	5°.	40°45'50"
11°28'40". . . . .)(Poissons, 19 février. ♏ Scorpion, 22 octobre.	57°14'30"	9,80849 95	9,65211 64 0,44886	6°.	39°45'50"
11°.	56°45'50"	9,81670 39	9,66032 08 0,45743	7°.	38°45'50"
10°.	55°45'50"	9,83284 16	9,67645 85 0,47474	8°.	37°45'50"
9°.	54°45'50"	9,84903 02	9,69264 71 0,49277	9°.	36°45'50"

N SOLAIR

...RTICAL A LA LATITUDE 45°45'50" DE LYON

Obliquité apparente de l'écliptique 23°27'10".

l latitude, d^a déclinaison australe, d^b déclinaison boréale.

$l + d^a$	Log. cotg $(l \mp d^a_b)$	Log. cos l + Log. cotg cos l cotg $(l \mp d^a_b)$	d^b déclinaison boréale	$l - d^b$	Log cotg cotg $(l - d^b)$	Log. cos l + Log. cotg cos l cotg $(l - d^b)$
53°45'50"	9,86501 96	9,70862 85 0,51124	10°.	35°45'50"	10,14250 76	9,98612 45 0,96856
52°45'50"	9,88083 37	9,72445 06 0,53022	11°.	34°45'50"	10,15858 81	10,00220 50 1,00509
51°45'50"	9,89649 51	9,74011 20 0,54968	11°28'40". . . Taureau, ♉ 19 avril. Vierge, ♍ 22 août.	34°17'10"	10,16634 39	10,00996 08 1,02320
50°45'50"	9,91202 54	9,75564 23 0,56970	12°.	33°45'50"	10,17487 95	10,01849 64 1,04351
49°45'50"	9,92744 55	9,77106 24 0,59029	13°.	32°45'50"	10,19140 80	10,03502 49 1,0840
48°45'50"	9,94277 56	9,78639 25 0,61149	14°.	31°45'50"	10,20820 13	10,05181 82 1,1267
47°45'50"	9,95803 50	9,80165 19 0,63336	15°.	30°45'50"	10,22528 91	10,06890 60 1,1719
46°45'50"	9,97321 30	9,81685 99 0,65595	16°.	29°45'50"	10,24270 37	10,08632 06 1,2199
(l − d^b) 45°45'50"	9,98841 83	9,83203 52 0,67926	17°.	28°45'50"	10,26047 97	10,10409 66 1,2709
44°45'50"	10,00357 91	9,84719 63 0,70339	18°.	27°45'50"	10,27865 52	10,12227 21 1,3252
43°45'50"	10,01874 49	9,86236 18 0,72839	19°.	26°45'50"	10,29727 18	10,14088 87 1,3832
42°45'50"	10,03303 33	9,87755 02 0,75431	20°.	25°45'50"	10,31637 53	10,15999 22 1,4455
41°45'50"	10,04916 33	9,89278 02 0,78123	20°9'38". . . Gémeaux, ♊ 20 mai. Lion, ♌ 22 juillet.	25°36'12"	10,31949 11	10,16310 80 1,4558
40°45'50"	10,06445 36	9,90807 05 0,80923	21°.	24°45'50"	10,33601 63	10,17963 32 1,5123
39°45'50"	10,07982 38	9,92344 07 0,83838	22°.	23°45'50"	10,35625 14	10,19986 83 1,5844
38°45'50"	10,09529 34	9,93891 03 0,86878	23°.	22°45'50"	10,37714 40	10,22076 09 1,6625
37°45'50"	10,11088 30	9,95449 99 0,90053	23°27'10". . . Cancer, ♋ 21 juin. Solstice d'été.	22°18'40"	10,38683 87	10,23045 56 1,7000
36°45'50"	10,12661 37	9,97023 06 0,93375	»	»	»	»

nutes 33 secondes ; et la déclinaison en ce jour (voir la 4ᵉ colonne page 24 de l'*Annuaire* de 1888) est 3° 27′, australe. Donc il suffit de marquer le point vis-à-vis cette déclinaison sur la ligne horaire de midi 10 minutes et demie, pour avoir le point correspondant de la méridienne moyenne cherchée. De même au 1ᵉʳ août, on marquera le point sur la ligne horaire midi 6 minutes vis-à-vis la déclinaison de ce jour (voir page 20 du même *Annuaire* 1888) qui est 17° 52′, boréale. Et ainsi de suite pour tous les points, surtout pour les 7 points remarquables signalés plus haut.

Nous avons dit que les points de la courbe méridienne du temps moyen se marquaient vis-à-vis les déclinaisons correspondantes.

Ce mot vis-à-vis un peu vague demande une légère explication.

Préalablement on a dû, un jour d'équinoxe, 20 ou 21 mars, 22 ou 23 septembre, tracer la ligne droite que l'ombre de l'extrémité ou sommet du style décrit exceptionnellement en ce jour spécial, ainsi que nous l'avons exposé dans notre chapitre premier pour un mode de tracé de la méridienne. Cette droite sera horizontale, si le cadran est exactement tourné au sud. Sinon et ordinairement elle sera inclinée ; et c'est parallèlement à cette droite inclinée que s'applique le mot vis-à-vis, avec une légère restriction en infléchissant de plus en plus vers le haut, lors des déclinaisons boréales, à mesure qu'on s'éloignera de la ligne des équinoxes, et de plus en plus vers le bas, lors des déclinaisons australes, à mesure qu'on s'écartera de cette ligne des équinoxes.

Voici donc l'indication du calcul trigonométrique pour Lyon, où nous appelons d la déclinaison variable, l la latitude 45° 45′ 50″, l' le complément de la latitude l ou 44° 14′ 10″, c'est-à-dire, la distance angulaire au pôle.

Dans le grand tableau précédent du calcul des déclinaisons, on trouvera à la 4ᵉ colonne les résultats définitifs, d'abord leurs logarithmes commençant par 9 ou 10 avant la virgule et en regard de chaque déclinaison de la première colonne, puis au-dessous de chacun de ces logarithmes, le nombre commençant par 0 ou 1 avant la virgule, et indiquant la distance à porter à partir et au-dessous du point A de la figure 10 précédant ledit tableau.

Il est inutile de dire que tous ces calculs et nombres s'appliquent à la longueur 1,000 du style, et que pour une autre longueur de style, on devra multiplier par cette autre longueur tous les résultats obtenus (non les logarithmes).

Avec ces documents obtenus pour la latitude 45° 45′ 50″ de Lyon, nous pouvons maintenant procéder à la construction de notre courbe en 8, méridienne du temps moyen pour Lyon.

Dans la figure 11, nous nous servons des déclinaisons ainsi calculées, mais nous ne pouvons indiquer avec la même exactitude les divisions horaires de 2 en 2 minutes, dans l'intervalle des deux quarts d'heure qui précèdent et suivent midi vrai, parce qu'elles varient avec l'orientation ou azimut du plan vertical du cadran. Nous les avons donc prises arbitraires, en exagérant même leurs distances respectives, afin de faire mieux voir les détails de la courbe.

CHAPITRE III

DU CADRAN SOLAIRE ÉQUATORIAL, SYSTÈME GUYOUX PERFECTIONNÉ

Dans les deux chapitres précédents nous avons exposé les procédés les plus simples pour déterminer l'heure moyenne et régler les appareils d'horlogerie en chaque localité.

Au premier chapitre, c'est le passage du soleil au méridien qui fournit le midi vrai, rectifié chaque jour par la différence avec le midi moyen consignée sur l'*Annuaire du Bureau des longitudes*. Il est donc indispensable qu'à cette heure de midi on ait à la fois la visibilité du soleil et la présence de l'observateur. Mais l'établissement des cadrans solaires du chapitre II permet à tout instant de la journée de faire l'observation utile complétée par la rectification voulue pour obtenir l'heure moyenne cherchée.

Nous avons même vu que cette rectification peut être lue sur le cadran lui-même, sans avoir recours à l'*Annuaire du Bureau des longitudes* fournissant quotidiennement l'équation du temps ou la différence entre les deux temps vrai et moyen. Il a suffi, comme nous l'avons exposé, de tracer la méridienne du temps moyen, c'est-à-dire la lemniscate ou courbe en 8 de notre figure 11 qui termine ledit chapitre II. Mais de même que, pour le gnomon du chapitre Ier, cette courbe ne peut servir qu'à une heure déterminée, aux environs de midi, à la rigueur, on pourrait tracer des courbes analogues à d'autres heures de la journée, mais il en résulterait complication et confusion sur les cadrans, et ce procédé est si peu pratique qu'il n'est jamais employé.

Pour éviter les inconvénients signalés, nous allons étudier dans ce nouveau chapitre un genre de cadran solaire d'invention moderne, d'une grande perfection, d'une précision admirable, et d'une extrème supériorité à tous égards sur tous les autres connus. Car il fournit l'heure moyenne aussi bien que l'heure vraie, et à tout instant de la journée. Celui que nous avons sous les yeux nous donne l'heure voulue à la demi-minute près.

Voici sur quel principe il est fondé : dans les cadrans ordinaires, les divisions horaires sont inégales, d'où résultent des dimensions variables pour les courbes en 8 du temps moyen qu'on voudrait y adapter à des heures déterminées, et pour éviter la confusion, on se borne habituellement à une seule courbe, celle de midi moyen, ainsi que nous venons de l'exposer. Mais parmi tous les cadrans possibles, il en existe un exceptionnel dont toutes les divisions horaires sont rigoureusement égales, et qui, par suite, ne comporte qu'une seule courbe en 8 du temps moyen.

L'uniformité de cette courbe a fait naître dans l'esprit d'un inventeur l'idée ingénieuse de la rendre mobile, et de la présenter à volonté au soleil, de manière qu'on y puisse lire immédiatement l'heure moyenne à tout instant de la journée. Il suffit, pour obtenir ce résultat précieux, de tracer le cadran sur un plan parallèle à l'équateur. Il en résulte encore l'avantage que ce cadran est universel, en quelque sorte indépendant de la latitude, qui ne sert qu'à lui donner l'inclinaison voulue, tandis que le déplacement d'un autre cadran solaire est presque impossible, ou entraînerait une grande complication pour sa nouvelle installation. Cette mobilité a donc permis de préparer d'avance cet instrument et de le mettre dans le commerce, avec peu de succès, il est vrai ; tellement est inerte l'esprit français pour le progrès scientifique.

Cependant on en voit des spécimens dans plusieurs châteaux, presbytères et maisons de campagne de nos départements de Saône-et-Loire et du Rhône, et des départements voisins, où l'inventeur les a un peu propagés.

En outre des avantages directs que nous venons de signaler, cet instrument possède d'autres propriétés intéressantes. Si on attache un disque ou anneau à la partie mobile, on peut, en lisant l'heure du lieu, voir en même temps l'heure de toutes les villes du monde distribuées sur cet anneau sous leurs longitudes respectives. Avec l'aide de la table des déclinaisons solaires consignées pour chaque jour dans la connaissance des temps ou dans l'*Annuaire du Bureau des longitudes*, on peut indiquer le point du ciel où se trouvera le soleil au jour et à l'heure diurne ou même nocturne qu'on voudra choisir. On peut même résoudre le problème inverse. On peut encore connaitre immédiatement à quelle heure et en même temps à quel point de l'horizon le soleil se lèvera ou se couchera dans la localité pour un jour quelconque désigné, et par conséquent quelle sera la durée de ce jour, etc.

Enfin cet instrument est tellement remarquable, que feu Delaunay, l'ancien directeur de l'Observatoire, lui a consacré dans son *Cours d'astronomie* plusieurs pages très élogieuses (pages 353 et suivantes de la 5ᵉ édition).

Ces éloges ont été également consignés, copiés et reproduits par M. Gaston Tissandier (page 258), dans son ouvrage intitulé *Récréations scientifiques*. Mais ces savants ont été induits en erreur, et ce serait une injustice à réparer. Ils attribuent à tort l'invention de cet ingénieux appareil à M. Fléchet, ingénieur civil, qui s'était pourvu de brevets,

tandis qu'elle appartient à feu l'abbé Guyoux, curé de Montmerle-sur-Saône. Cette découverte daterait de 1826 ou 1827,
ainsi que le constatent nombre des appareils Guyoux installés
par lui dans les presbytères et châteaux voisins de sa rési-
dence. Mais les récompenses suivantes donnent une date
plus authentique à son invention. D'abord l'Académie de
l'industrie agricole, manufacturière et commerciale, dans sa
séance du 8 juillet 1841, à Paris, lui décerna, pour son cadran
solaire à équation (tel est le nom qu'il avait adopté), une médaille d'honneur dont le diplôme porte la date du 12 mai 1842.
Puis l'Exposition universelle de 1855 lui valut une nouvelle
médaille d'honneur pour cette même invention. Une copie
de ces médailles nous a été communiquée.

Nonobstant, longtemps après, M. P. Fléchet prit brevet
d'invention n°s 49.149 et 49.841 sous les dates des 8 avril,
28 mai, 15 juin et 1er août 1861, pour un appareil dit chronomètre solaire ou héliochrone, identique quant aux prin-
cipes au cadran Guyoux, mais différant par les détails de
forme.

Il est à remarquer, d'une part, que de nombreux appareils
Guyoux sont installés aux environs de Lyon, que c'est dans
cette ville qu'étaient fondues les pièces de cuivre nécessaires
à cet instrument, et d'autre part, que c'est précisément à
Lyon que M. Fléchet a fait imprimer, chez M. Louis Perrin,
son prospectus ou instruction destinée à donner de la publi-
cité à son chronomètre, et reproduisant *in extenso* le passage élogieux de l'*Astronomie* Delaunay.

Quelle que soit l'induction à tirer de cette coïncidence de
lieu, il résulte incontestablement des dates officielles sus-
relatées que l'appareil solaire de feu l'abbé Guyoux est anté-
rieur d'au moins vingt ans à l'appareil semblable breveté de
M. Fléchet, et que c'est à tort que cet ingénieur civil s'en est
attribué l'invention.

Il serait désirable que les héritiers Delaunay fissent cette rectification, en cas de nouvelle édition du *Cours d'astronomie* si remarquable de ce savant.

Ce cadran équatorial est si supérieur à tous les autres et si avantageux, que bien des amateurs s'en sont occupés et l'ont perfectionné, nous entre autres, à la satisfaction de l'inventeur, le curé Guyoux, qui a approuvé le nôtre, à la visite qu'il nous a faite peu d'années avant son décès. Depuis, des brevets de perfectionnement ont été pris, et nous venons de lire dans les feuilles publiques, qu'à l'occasion du jubilé papal récent, un curé d'une paroisse du département de l'Ain a présenté à Sa Sainteté Léon XIII un cadran solaire soigné de ce système, qu'il a confectionné en y adjoignant une représentation spéciale du ciel étoilé, fournissant à volonté la partie de la voûte céleste visible chaque nuit à Rome.

Avant de présenter la description détaillée de ce cadran solaire système Guyoux, avec ses perfectionnements, il nous semble opportun de rappeler qu'à la fin du dernier Empire, l'administration avait doté chaque chef-lieu de département et d'arrondissement d'un cadran solaire équatorial assez simple. Ainsi que nous l'avons déjà exprimé, ce genre de cadran est universel, il n'y avait qu'à l'orienter, en mettant la ligne midi-minuit dans la méridienne du lieu, et en lui donnant l'inclinaison voulue, son plan formant, avec la verticale ou direction du fil à plomb, un angle OBE égal à la latitude du lieu (fig. 12).

Cet appareil consiste en une plaque circulaire A O B ayant sur ses deux faces les 24 divisions horaires de la journée et aussi les sous-divisions intermédiaires des demi-heures et des quarts d'heure, etc. Cette plaque est traversée à son centre O par une tige, aiguille ou style, C O D perpendiculaire à cet équateur, et par conséquent parallèle à l'axe de rotation de notre globe, comme les styles de la généralité des cadrans solaires. C'est cette aiguille dont l'ombre donne l'heure vraie sur la plaque, savoir, la demi-aiguille O C pour la face supérieure de la plaque éclairée par le soleil pendant les six mois seulement du printemps et de l'été, de mars à septembre, et la demi-aiguille O D pour la face inférieure éclairée à son tour pendant les six autres mois de l'année, automne et hiver, de septembre à mars. Nécessairement ces deux demi-aiguilles O C et O D avaient une longueur suffisante, pour que l'extrémité de leur ombre atteignît les divisions horaires du bord de la plaque, dans les jours où l'ombre était la plus courte sur l'équateur, c'est-à-dire en juin et décembre ou aux solstices. Sous la latitude de Lyon, pour une plaque circulaire de 0^m,50 de diamètre, la longueur minimum de la demi-aiguille est 0^m,108.

Bien entendu, ce cadran équatorial ne fournissait que le temps vrai comme les autres cadrans solaires; aussi pour le compléter, on y avait joint un tableau de l'équation du temps ou différence des temps vrai et moyen, de semaine en semaine ou de décade en décade. Et ainsi chaque observateur pouvait régler sa montre.

C'est peut-être l'occasion d'expliquer pour les personnes peu familières avec les questions astronomiques, comment il arrive que les divisions horaires sont toutes égales pour un cadran équatorial. Par suite de l'inclinaison de 23° 27' ou d'environ un quart d'angle droit de notre équateur sur l'écliptique, qui est le plan de notre orbite annuel, le soleil partant de notre équateur semble monter de ces 23° 27' au-dessus, pendant notre printemps, redescendre ensuite à l'équateur pendant notre été, puis passant de l'hémisphère boréal à l'hémisphère austral, continuer de descendre sous l'équateur encore de 23° 27' pendant notre automne, et enfin remonter à l'équateur pendant notre hiver. En même temps la terre fait quotidiennement un tour sur elle-même d'occident en orient et d'un mouvement uniforme, de manière à présenter successivement au soleil chacun de ses méridiens, pour lequel il est alors midi vrai, et le passage devant le soleil des autres méridiens, dits alors plans horaires, détermine les autres heures du lieu considéré.

De ce mouvement uniforme de rotation de la terre résulte forcément l'égalité des divisions horaires sur l'équateur ou sur un cadran équatorial quelconque, que nous pouvons toujours supposer au centre de notre globe, dont la petitesse relative d'environ 3.000 lieues de diamètre s'efface devant sa distance moyenne au soleil de 37.000.000 de lieues, rapport 1/12.300.

Après ces diverses explications ou digressions, nous allons procéder à la description détaillée du cadran solaire équatorial système Guyoux avec ses divers perfectionnements, tel que nous l'avons fait confectionner.

La pièce principale de l'appareil est donc la plaque équatoriale circulaire de $0^m,50$ de diamètre contenant sur son pourtour les divisions horaires de la journée, 24 heures ou 1440 minutes.

Ce diamètre de $0^m,50$ implique un développement de circonférence de $1^m,5708$ et par suite le 1/24 pour une heure ou un arc de $65^{mm},45$, et pour une minute un arc de $1^{mm},1$. Il résulte de cette petitesse d'arc d'une minute, qu'il est dificile de marquer et de lire ces minimes divisions sur le bord de notre disque circulaire.

Dans le cadran équatorial ci-dessus décrit (fig. 12) des chefs-lieux de départements et d'arrondissements, le plan horaire fournissant l'heure vraie est déterminé par le style central fixe O et par son ombre $o\,a$, s'étendant jusqu'au bord des divisions horaires (fig. 13). Mais à ce simple système, l'inventeur, l'abbé Guyoux, a fait les modifications suivantes, qui atteignent encore et mieux le but proposé.

Au-dessus du disque équatorial, il a appliqué un diamètre mobile *a b* (fig. 14) pivotant autour du centre *o*. Sur son extrémité *a*, est planté le style *a a'* toujours perpendiculaire à l'équateur, et par conséquent parallèle à l'axe de le terre. A l'autre extrémité *b* est fixée une plaque rectangulaire *b b* encore parallèle au style et vis-à-vis. Sur le milieu de cette plaque est tracée une droite médiane dans le plan formé par le diamètre mobile et par le style *a a'*.

Enfin au bas de cette plaque serait attachée une aiguille fine qui s'arrêterait sur la division horaire convenable, quand le système du diamètre mobile *a o b* serait tourné par l'observateur, de manière que l'ombre du style se projetât sur la droite médiane *b b'* de la plaque rectangulaire opposée, et alors la petite aiguille attachée au bas de la plaque indiquerait l'heure vraie.

On voit de suite que, pendant l'automne et l'hiver, la face supérieure du cadran fournit également l'heure, quand même elle est privée de l'éclairage solaire en ces deux saisons.

L'abbé Guyoux a encore ajouté un perfectionnement capital. Au lieu de se servir de toute l'ombre du style, il n'utilise que l'un de ses points choisi convenablement, en y adaptant une lentille convergente *a'*, qui projette l'image solaire sur la ligne médiane de la plaque opposée *bb'* (fig. 14), quand le système mobile est tourné exactement dans le plan horaire du moment. On gagne de l'exactitude par ce procédé qui permet d'amener facilement sur la ligne médiane de la plaque opposée le centre de l'image solaire, d'ailleurs fort petite, réduite à un cercle minime d'environ 9 millimètres de diamètre, pour la distance focale $0^m,50$ de la lentille à la plaque.

En outre l'image du soleil est souvent perceptible à cause de la concentration de ses rayons, dans les jours un peu brumeux, quand l'ombre des styles ordinaires est invisible.

Nous avons dit plus haut que, sur notre disque horaire de $0^m,50$ de diamètre, la $1,440^e$ partie de sa circonférence, représentant la simple minute de temps, n'occupe qu'un petit arc de 11 dixièmes de millimètre. Aussi les appareils de ce système existant dans le commerce, étant généralement plus petits, on a été obligé de recourir à l'emploi du vernier pour obtenir cette simple minute. Nous-même dans le prin-cipe, nous avons adapté à notre diamètre mobile en b (fig. 14) une aiguille très-fine en platine, y attachant ensuite une loupe qui permettait la lecture facile des simples minutes. Mais nous avons reconnu bien préférable la méthode usitée dans les échelles d'épures, de dessins linéaires d'architecture et de géométrie, sous le nom de parties proportionnelles, de la manière suivante (fig. 15) :

Du centre de notre disque circulaire équatorial ab de $0^m,25$ de rayon, nous avons tracé deux circonférences, l'une cd avec le rayon $R = 0^m,24$, et l'autre ef avec le rayon $r = 0^m,21$. Entre ces deux circonférences, nous avons tiré les portions de rayons de 10 minutes en 10 minutes de temps comme ce, gh, ik, etc. Puis nous avons, dans les presque rectangles mixtilignes ainsi formés, tracé les diagonales cg, hi, etc., lesquelles diagonales sont tangentes toutes à une circonfé-rence centrale du disque sous le rayon $\rho = 69^{mm},66$.

A notre diamètre aob des plans horaires, mobile autour du centre o du disque (fig. 14), au lieu de l'aiguille dont nous avons primitivement parlé, nous attachons un petit indicateur mn (fig. 15) dont le prolongement passe par le centre ; c'est donc un morceau de rayon de $0^m,03$ de lon-gueur circulant entre les deux cercles cd et ef, ayant cet écartement de $0^m,03$ (fig. 15). Cet indicateur est divisé en 10 parties presque égales croissant de la petite circonférence à la grande, correspondant à chacune des divisions égales des rayons minutes de temps, dont l'arc sur la grande circonférence du disque est de 11 dixièmes de millimètre. Ces divisions inégales de l'indicateur ou curseur ont pour longueur une différence de sécantes fournie par calcul trigonométrique, sachant qu'une minute de temps sous-tend 15 minutes d'arc. On a ainsi le petit tableau suivant, où est appelé x l'angle $70° 37' 36''$ sous-tendu par le prolongement des diagonales $c\,g$ jusqu'au point de contact de la circonférence de tangence à rayon $\rho = 69^{mm},66$.

$$
\begin{array}{llll}
\text{Pour 1 minute de temps} & \text{séc. } (x + 15') & - \text{ séc. } x = & 2^{mm},6 \\
2 & - \quad \text{séc. } (x + 30') & - \text{ séc. } x = & 5^{mm},3 \\
3 & - \quad \text{séc. } (x + 45') & - \text{ séc. } x = & 8^{mm},1 \\
4 & - \quad \text{séc. } (x + 1°) & - \text{ séc. } x = & 11^{mm},0 \\
5 & - \quad \text{séc. } (x + 1° + 15') & - \text{ séc. } x = & 13^{mm},9 \\
6 & - \quad \text{séc. } (x + 1° + 30') & - \text{ séc. } x = & 16^{mm},9 \\
7 & - \quad \text{séc. } (x + 1° + 45') & - \text{ séc. } x = & 20^{mm},1 \\
8 & - \quad \text{séc. } (x + 2°) & - \text{ séc. } x = & 23^{mm},3 \\
9 & - \quad \text{séc. } (x + 2° + 15') & - \text{ séc. } x = & 26^{mm},6 \\
10 & - \quad \text{séc. } (x + 2° + 30') & - \text{ séc. } x = & 30^{mm},0 \\
\end{array}
$$

Les simples minutes sont ainsi déterminées par la rencontre de l'indicateur mobile $m\,n$ (fig. 15), avec les diagonales ; et ces divisions variant de $2^{mm},6$ à $3^{mm},4$ par accroissement successif d'un dixième de millimètre, elles remplacent les arcs indiqués de 11 dixièmes de millimètre ; et leur grandeur, variant de plus du double au triple de ces arcs primitifs, permet d'apprécier facilement les demi-minutes de temps.

Il y a lieu de remarquer cependant que cet accroissement des divisions d'un dixième de millimètre de l'épaisseur du trait de gravure est plutôt théorique que pratique. Toutefois il existe un moyen géométrique simple pour en tenir compte. Par exemple, supposons qu'on veuille tracer la division de $3^{mm},4$: on tire une droite $a\,b$ de 10 centimètres de longueur. En a on élève une perpendiculaire $a\,c$ longue du décuple

34^{mm}, de la grandeur $3^{mm},4$ cherchée. On joint $b\,c$, et la perpen‑
diculaire $d\,e$ élevée à 1 centimètre de b est la division
demandée de $3^{mm},4$ avec grande exactitude (fig. 16).

Il est aisé de voir que rien n'eût empêché de prendre pour
l'indicateur des minutes, au lieu du fragment de rayon $m\,n$
(fig. 15), la diagonale P Q pour sa rencontre avec ces
rayons $c\,e$, $h\,g$, etc. Nous l'avons fait une fois pour un de
nos appareils établi chez un parent. On obtient ainsi des
divisions de minutes un peu plus grandes, puisque la diago‑
nale est plus longue de $1^{mm},6$. Ces divisions sont des diffé‑
rences de tangentes, comme l'indique le tableau suivant :

$$
\begin{aligned}
\text{Pour 1 minute de temps} \quad & tg\,(x + 15') & - tg\,x &= 2^{mm},8 \\
2 \quad\quad\;\; - \quad & tg\,(x + 30') & - tg\,x &= 5^{mm},6 \\
3 \quad\quad\;\; - \quad & tg\,(x + 45') & - tg\,x &= 8^{mm},6 \\
4 \quad\quad\;\; - \quad & tg\,(x + 1°) & - tg\,x &= 11^{mm},6 \\
5 \quad\quad\;\; - \quad & tg\,(x + 1° + 15') & - tg\,x &= 14^{mm},7 \\
6 \quad\quad\;\; - \quad & tg\,(x + 1° + 30') & - tg\,x &= 17^{mm},9 \\
7 \quad\quad\;\; - \quad & tg\,(x + 1° + 45') & - tg\,x &= 21^{mm},2 \\
8 \quad\quad\;\; - \quad & tg\,(x + 2°) & - tg\,x &= 24^{mm},5 \\
9 \quad\quad\;\; - \quad & tg\,(x + 2° + 15') & - tg\,x &= 28^{mm},0 \\
10 \quad\quad\;\; - \quad & tg\,(x + 2° + 30') & - tg\,x &= 31^{mm},6
\end{aligned}
$$

Ces divisions correspondent encore au rayon $\rho = 69^{mm},66$,
comme dans le tableau semblable précédent, l'angle $x =$
$70° 37' 36''$.

Nous n'avons pas encore parlé de la disposition des divi‑
sions horaires sur le disque équatorial. Dans celui de l'in‑
venteur, l'abbé Guyoux, la division 12 de midi se trouvait à
midi vrai dans le méridien du lieu, qui contenait alors le
centre de la lentille a', le centre o du disque, et la ligne
médiane bb' de la plaque opposée à la lentille (fig. 14), la
pointe d'une aiguille en cuivre placée derrière cette plaque,
correspondant alors à cette division 12. Toutes les autres
divisions horaires s'en suivaient, étant placées dans le même

sens que celles du cadran d'une montre, c'est-à-dire, de
gauche à droite pour une personne au centre du cadran,
ayant la face tournée vers les heures inscrites. Cette aiguille
marquait donc l'heure en suivant les mouvements du soleil,
dont l'image produite par la lentille, brillait sur la plaque bb'
(fig. 14), étant amenée sur sa ligne médiane pour l'heure
vraie, et sur la méridienne du temps moyen ou lemniscate
pour l'heure moyenne, ainsi que nous l'expliquerons plus
loin. La lecture des heures dans ce système était difficile et
incommode, d'autant plus que les arcs des minutes étaient
fort petits et presque invisibles, puisque le disque n'avait
que $0^m,37$ de diamètre, au lieu de $0^m,50$ du nôtre.

Pour notre système d'indicateur, la division 12, midi, doit
être placée vis-à-vis l'indicateur à midi vrai du lieu, de Lyon
par exemple, à la distance convenable de la méridienne
marquée alors par le centre de la lentille a' (fig. 14), le
centre O du disque équatorial et la médiane bb' de la plaque
opposée. Cette distance convenable dépendant des détails
de construction est d'environ $0^m,055$ sur notre cadran de
Mâcon qui, à quelques secondes de temps près, a la même
longitude que Lyon.

Mais notre disque équatorial renfermant les divisions
horaires et donnant l'heure du lieu de son installation, est
susceptible d'une grande extension. Il peut facilement indiquer en même temps et simultanément l'heure de chaque
pays du globe. Pour cela, il suffit de détacher du grand
disque équatorial de $0^m,50$ de diamètre, le petit disque intérieur correspondant à l'arc $egi... f$, de $0^m,42$ de diamètre, et
de le rendre solidaire du diamètre mobile aob (fig. 14) avec
lequel il pivotera, ne laissant fixe que l'anneau extérieur $abfe...$
des divisions horaires (fig. 15) ; et c'est sur le bord ef de ce
petit disque intérieur que seront marquées toutes les villes
principales du globe, distribuées selon leur longitude par

rapport à Paris, conformément aux indications de l'*Annuaire du Bureau des longitudes*, pages 417 et suivantes de 1888.

Nous commencerons par placer Paris vis-à-vis la division horaire 11 heures 50 minutes, sachant que par suite de la longitude de Lyon, Paris retarde sur cette ville d'environ 10 minutes (exactement $9^m 55^s 28^t$) ; puis pour l'inscription des autres villes à leur place régulière suivant leurs longitudes, on amènera Paris vis-à-vis la 12e division horaire, midi (fig. 17), on fixera momentanément pendant l'opération, le disque mobile à cette position contre l'anneau fixe des divisions horaires, Paris restant vis-à-vis la division midi, et le graveur n'aura qu'à inscrire chaque ville suivant sa longitude (il est bon de dire que les anneaux et le disque sont en cuivre). Pour les villes à l'est de Paris, ou en avance d'heure sur cette capitale, il n'aura qu'à faire l'inscription à l'heure indiquée dans la 4e colonne de l'*Annuaire* vis-à-vis la ville, en remarquant que zéro signifie midi. Exemple pour Bruxelles E (3e colonne E veut dire est), il lira, 4e colonne, 0 heure, 8 minutes, 8 secondes pour midi et 8 minutes. Il gravera donc Bruxelles au bord de la ligne arc *ef* séparative des deux disques ; et ainsi de suite pour Genève, Berne, etc.

E signifie villes orientales — O villes occidentales.

Pour les villes à longitude O (occidentales), c'est-à-dire en retard sur Paris, la 4e colonne de l'*Annuaire* indique également leur différence avec Paris ; alors pour graver chaque ville à sa place, il faudra déduire cette différence de 12 heures, et l'on aura ainsi la division horaire du cadran, vis-à-vis laquelle l'inscription doit être faite, exemple :

Madrid, page 422 de l'*Annuaire*, 3e colonne 0, 4e colonne 0 heure, 24 minutes 6 secondes. Retranchant ce nombre (en conservant le zéro) de 12 heures, reste 11 heures 36 minutes, et c'est vis-à-vis cette heure du cadran, qu'il faut graver Madrid.

Pour Lisbonne, on lit O', 0^h 46^m 6^s, 12^h — 46^m = 11^h 14^m.

Pour Madère, on lit O', 1^h 16^m 57^s ou 1^h 17^m, 12^h — 1^h 17^m = 10^h 43^m. Et ainsi de suite.

Dans cette opération, pour laquelle on aura eu le soin de maintenir Paris du disque mobile, fixement vis-à-vis la division 12 heures (midi), on pourra faciliter le travail du graveur, et le rendre plus exact, en lui confectionnant un petit indicateur en papier ou en carton, avec ses dix divisions, qui lui permettra d'apprécier les simples minutes.

Nous avons terminé tout ce qui est relatif aux disques équatoriaux, avec l'indicateur attaché à la partie mobile, c'est-à-dire, au diamètre pivotant autour du centre des disques. Ce diamètre porte à ses deux extrémités deux pièces perpendiculaires au plan équatorial, par conséquent parallèles à l'axe de rotation terrestre, et en même temps perpendiculaires aux plans méridiens ou horaires. Elles sont donc aussi parallèles entre elles à la distance $0^m,50$, longueur du grand diamètre de l'anneau des divisions horaires. L'une de ces pièces porte à son extrémité supérieure la lentille d dont la distance focale est d'environ $0^m,53$, sa portée variant du minimum $0^m,50$, distance des deux pièces et allant jusqu'à $0^m,545$ lors de la plus grande déclinaison solaire $23°27'$ aux solstices.

Il semblerait naturel d'accepter la moyenne de ces distances focales, mais il est à remarquer que le soleil reste beaucoup plus longtemps du côté des solstices dans l'un et dans l'autre hémisphère, où son mouvement se ralentit, conformément à l'étymologie de ce terme astronomique, solstice, tandis que les variations de déclinaison sont rapides aux équinoxes.

Nous allons maintenant nous occuper de cette deuxième pièce en regard du porte-lentille et supérieure à l'indicateur.

C'est une plaque rectangulaire coupée en deux par un

ligne médiane ef (fig. 18), qui est la trace du plan horaire passant par le centre d de la lentille et par le centre o du cadran, et qui fournit l'heure vraie toutes les fois que l'image solaire a été amenée par la rotation du diamètre aoc sur cette médiane ef.

Par conséquent pour la bonne et primitive orientation du cadran, il est nécessaire que le plan horaire ainsi déterminé se confonde avec le méridien du lieu à midi vrai. Subsidiairement et en même temps, pour que le cadran soit réellement parallèle à l'équateur, l'image solaire amenée sur la médiane ef doit tomber exactement sur le chiffre tracé sur cette médiane, de la déclinaison solaire consignée chaque jour dans le calendrier de l'*Annuaire du Bureau des longitudes*, ainsi que nous l'expliquerons plus loin.

Sur cette médiane ef comme sur celle de l'épure du cadran solaire vertical décrit à la fin de notre deuxième chapitre (fig. 11), nous inscrivons les diverses déclinaisons du soleil par leurs tangentes réduites à moitié, puisque la distance de la plaque à la lentille n'est que de $0^m,50$ ou un demi-mètre.

Suit un tableau donnant leur longueur avec 5 décimales pour le cas, où l'on adopterait une distance différente entre les deux pièces mobiles. Il suffirait alors de les multiplier par le double de cette distance. Ce tableau, sauf suppression des logarithmes, a une grande analogie avec celui qui accompagne l'épure (fig. 11).

Pour que ce cadran puisse fournir l'heure moyenne, il nous reste à tracer sur la plaque opposée à la lentille, la lemniscate ou courbe en 8 indicative de ce temps moyen; et dans ce but nous nous servirons aussi des tangentes des déclinaisons solaires calculées comme nous l'avons fait plus haut à la fin de notre second chapitre pour la lemniscate du cadran solaire vertical (fig. 11). Mais il est à remarquer que cette dernière courbe n'est applicable qu'aux environs de midi, ce qui nous a permis de l'appeler méridienne du temps moyen, tandis que la nouvelle courbe dont nous allons nous occuper, est douée d'un notable avantage, celui d'être

TABLEAU DES TANGENTES DES DÉCLINAISONS SOLAIRES

Pour la distance 0m,50 entre la lentille d et la plaque opposée $a\,b\,e$
(Fig. 18) (voir fig. 9).

DÉCLINAISONS AUSTRALES	TANGENTES
	m.
23°27' (21 décembre). Capricorne ♑. Solstice d'hiver.	0,216 9
23°	0,212 2
22°	0,202 0
21°	0,191 9
20°9'38". Verseau, — 20 janvier. Sagittaire, ↦ 21 novembre.	0,183 6
20°	0,182 0
19°	0,172 2
18°	0,162 5
17°	0,152 9
16°	0,143 4
15°	0,134 0
14°	0,124 7
13°	0,115 4
12°	0,106 3
11°28'40".)(Poissons, 19 février. ♏ Scorpion, 22 octobre.	0,101 3
11°	0,097 2
10°	0,088 2
9°	0,079 2
8°	0,070 3
7°	0,061 4
6°	0,052 6
5°	0,043 7
4°	0,035 0
3°	0,026 2
2°	0,017 5
1°	0,008 7
0 équinoxes. Bélier, — 30 mars. Printemps. Balance, — 22 sept. Automne.	0,000 0

DÉCLINAISONS BORÉALES	TANGENTES
	m.
1°	0,008 7
2°	0,017 5
3°	0,026 2
4°	0,035 0
5°	0,043 7
6°	0,052 6
7°	0,061 4
8°	0,070 3
9°	0,079 2
10°	0,088 2
11°	0,097 2
11°28'40". Taureau, ♉ 19 avril. Vierge, ♍ 22 août.	0,101 3
12°	0,106 3
13°	0,115 4
14°	0,124 7
15°	0,134 0
16°	0,143 4
17°	0,152 9
18°	0,162 5
19°	0,172 2
20°	0,182 0
20°9'38". Gémeaux, ♊ 20 mai. Lion. ♌ 22 juillet.	0,183 6
21°	0,191 9
22°	0,202 0
23°	0,212 2
23°27'. Cancer, ♋ 21 juin. Solstice d'été.	0,216 9

applicable à toutes les heures et minutes du jour solaire, parce que, ainsi que nous l'avons déjà expliqué, elle est mobile, de manière à pouvoir être présentée à tout instant au soleil, en raison de l'égalité et uniformité de toutes les divisions horaires sur un cadran équatorial. C'est ce qui constitue l'immense supériorité, sur tous les autres, de ce genre de cadran inventé par l'abbé Guyoux.

Pour le tracé de cette lemniscate, nous renvoyons aux détails exposés à la fin du chapitre II. Chaque point de la courbe se déterminera de la même façon par les documents consignés pour chaque jour dans le calendrier de l'*Annuaire du Bureau des longitudes* (4ᵉ et 6ᵉ colonnes). Pour le jour choisi, on marquera vis-à-vis la déclinaison indiquée, ce point par le nombre de minutes du retard ou de l'avance du temps moyen. Prenons le même exemple du 1er octobre. Nous avons vu que son midi moyen retarde de $10^m 33^s$ sur le midi vrai, et pour une autre heure de la journée l'interpolation avec le jour précédent ou suivant nous fournira la légère modification à apporter à ce retard.

Mais il nous reste à indiquer quelle distance il faudra porter vis-à-vis la déclinaison à droite ou à gauche de la grande ligne médiane du temps vrai pour les retards ou avances du temps moyen.

Nous avons vu sur notre figure 11 du cadran vertical de la fin du chapitre II, que les divisions horaires partaient toutes du centre du cadran ou du point d'insertion du style dans ledit cadran. Ici le style idéal passant par le centre du disque équatorial, auquel il est perpendiculaire, est donc parallèle à la plaque de la courbe et la rencontre à l'infini. Il en résulte que sur cette plaque les divisions horaires des minutes dont nous avons besoin, sont parallèles à la médiane, et par conséquent uniformes pour toutes les heures du jour et de l'année.

La plaque étant tangente au cylindre décrit par sa médiane en chaque jour, les distances cherchées sont donc des portions de tangentes, correspondant à la rotation afférente à ces minutes de retard ou d'avance du temps moyen. Nous avons calculé ces portions de tangentes pour la distance $0^m,50$ entre la plaque et la lentille opposée, sachant que chaque minute de temps correspond à un quart de degré ou 15 minutes d'arc, et avons reconnu, ce qu'il était facile de prévoir, que pour ces petits arcs les tangentes sont sensiblement proportionnelles; ce qui nous a permis de dresser l'échelle ci-jointe (fig. 19) de l'équation du temps ou différence entre les temps vrai et moyen. Dans cette échelle sur la base ab, chaque minute est écartée de 12 millimètres de sa voisine, de façon que chaque millimètre corresponde à 5 secondes de temps.

Il est alors facile de trouver la distance à porter à droite ou à gauche de la médiane pour chaque jour à la hauteur de sa déclinaison solaire, selon son retard ou son avance sur l'heure vraie, en se conformant aux indications précises des 4ᵉ et 6ᵉ colonnes du calendrier de l'*Annuaire du Bureau des longitudes*.

Ainsi dans l'exemple précité du 1ᵉʳ octobre, la distance du retard relaté de $10^m,33^s$ est représentée par cd sur l'échelle (fig. 19).

Si le lecteur ne trouvait pas suffisantes ces explications pour le tracé de la lemniscate actuelle, il n'aurait qu'à se reporter à celles plus détaillées afférentes au tracé de la lemniscate du cadran solaire vertical à la fin du chapitre II (fig. 11) ainsi que nous l'exprimons plus haut.

La nouvelle lemniscate est représentée un peu plus loin dans la figure 22 ou épure.

La description de notre appareil solaire universel étant achevée, il nous reste à indiquer son mode d'installation.

Nous savons déjà que l'indicateur et les heures 12 doivent être placés dans la méridienne à midi vrai, le centre de l'image solaire tombant alors exactement sur la médiane opposée. Mais comme le limbe ou disque doit être parallèle à l'équateur, son inclinaison variera suivant la latitude du lieu.

Si on veut placer ledit appareil sur une table ou colonne à surface supérieure horizontale, il conviendra à midi vrai de présenter du côté sud un liteau d'essai *ab* (fig. 20) ayant la hauteur consignée pour la latitude du lieu, dans le tableau exposé un peu plus loin, à la colonne branche verticale ou cosinus. Et alors l'image solaire tombera nécessairement sur la déclinaison du jour relatée sur le calendrier de l'*Annuaire du Bureau des longitudes* (col. 4). L'inclinaison du disque équatorial étant ainsi réglée dans le plan méridien, il faut s'assurer qu'elle l'est également dans les autres plans horaires, que le limbe ne penche ni à droite ni à gauche, c'est-à-dire, que l'image solaire, le matin et le soir, indique sur la médiane la déclinaison de midi, sauf la petite correction due au mouvement solaire et déterminée au moyen de l'interpolation obtenue par la comparaison avec le jour précédent et le jour suivant. On peut remarquer que, lors des solstices, cette correction est nulle. Ces opérations étant faites, il n'y a plus qu'à sceller l'appareil au moyen de trois pieds dans la table, ou colonne support.

Il existe dans le commerce divers appareils du système Guyoux sous d'autres noms, et les fabricants, ne connaissant pas d'avance la latitude du lieu d'installation, ont l'habitude d'attacher sous l'instrument un arc divisé en degrés de latitude et se mouvant à charnières, de manière que le cadran puisse facilement se placer en tous lieux, et après essais, une forte vis de pression l'arrête et le fixe définitivement.

Nous avons plusieurs fois employé un autre mode d'installation qui nous a bien réussi. Au lieu d'une table ou colonne

à surface supérieure horizontale pour recevoir comme ci-
dessus notre cadran équatorial, nous avons érigé une colonne
verticale en pierre de taille, à base en ellipse, dont le grand
axe a les $0^m,50$ du diamètre du limbe, et dont le petit axe
est tel, que la colonne coupée parallèlement à l'équateur est
terminée supérieurement par un cercle de $0^m,50$ de diamètre.
C'est sur ce cercle qu'est apposé notre cadran, dont l'anneau
des divisions horaires est fixé à la colonne par trois oreilles
avec vis ou boulons. Le tableau suivant indique la grandeur
de ce petit axe variable, égal au sinus de la latitude, pour
toutes les latitudes de 30° à 52° 30′ de demi-degré en demi-
degré, de manière que, par une simple interpolation, on
puisse déterminer facilement ce petit axe pour toute autre
latitude intermédiaire, conformément à la figure 21.

Comme cette colonne en pierre de taille, support du cadran,
est lourde et difficile à manier, pour son orientation facile,
nous la munissons au centre de sa base inférieure d'un goujon
scellé, saillissant d'environ un centimètre, lequel goujon
pénétrant dans un trou correspondant de la dalle horizontale
de fondation, qui lui sert de support, lui permet, pour son
orientation définitive, de pivoter au besoin par l'action d'un
presson ou levier. Pour cette manœuvre, on a préparé un
trou dans le bas de la colonne à une des deux extrémités du
grand axe de l'ellipse.

Pour faciliter cette opération importante de l'orientation
de la colonne, de manière à obtenir le parallélisme exact de
sa face supérieure à l'équateur, la colonne de notre cadran
dans notre jardin a été divisée en deux parties superposées :
d'abord une colonne inférieure à bases circulaires de $0^m,50$
de diamètre et d'une hauteur d'environ $1^m,10$; son dessus
horizontal portant la mortaise centrale pour recevoir le goujon; puis au dessus, le cylindre tronqué à base elliptique

placé de manière que sa face supérieure circulaire fût bien parallèle à l'équateur.

TABLEAU DU COSINUS DE LA LATITUDE POUR LA BRANCHE VERTICALE DE LA FIG. 20

Et de son sinus pour le petit axe de la colonne support à base elliptique ayant 0^m,50 pour son grand axe.

LATITUDE	COSINUS OU BRANCHE VERTICALE	SINUS OU PETIT AXE DE LA COLONNE	LATITUDE	COSINUS OU BRANCHE VERTICALE	SINUS OU PETIT AXE DE LA COLONNE
	m.	m.		m.	m.
30°	0,433 0	0,250 0	44°	0,359 7	0,347 3
30°30′	0,430 8	0,253 8	44°30′	0,356 6	0,350 5
31°	0,428 6	0,257 5	45°	0,353 6	0,353 6
31°30′	0,426 3	0,261 3	45°30′	0,350 5	0,356 6
32°	0,424 0	0,264 5	45°45′50″	0,348 8	0,358 2
32°30′	0,421 7	0,268 7	Pour Lyon.		
33°	0,419 3	0,272 3	46°	0,347 3	0,359 7
33°30′	0,416 9	0,276 0	46°30′	0,344 2	0,362 7
34°	0,414 5	0,279 6	47°	0,341 0	0,365 7
34°30′	0,412 0	0,283 2	47°30′	0,337 8	0,368 6
35°	0,409 6	0,286 8	48°	0,334 6	0,371 6
35°30′	0,407 1	0,290 4	48°30′	0,331 3	0,374 5
36°	0,404 5	0,293 9	49°	0,328 0	0,377 4
36°30′	0,402 0	0,297 4	49°30′	0,324 7	0,380 2
37°	0,399 3	0,300 9	50°	0,321 4	0,383 0
37°30′	0,396 7	0,304 4	50°30′	0,318 0	0,385 8
38°	0,394 0	0,307 8	51°	0,314 7	0,388 6
38°30′	0,391 3	0,311 3	51°30′	0,311 3	0,391 3
39°	0,388 6	0,314 7	52°	0,307 8	0,394 0
39°30′	0,385 8	0,318 0	52°30′	0,304 4	0,396 7
40°	0,383 0	0,321 4			
40°30′	0,380 2	0,324 7			
41°	0,377 4	0,328 0			
41°30′	0,374 5	0,331 3			
42°	0,371 6	0,334 6			
42°30′	0,368 6	0,337 8			
43°	0,365 7	0,341 0			
43°30′	0,362 7	0,344 2			

Quand ce résultat a été obtenu, on a mis les divisions horaires de l'anneau exactement à l'heure du lieu, ainsi

qu'on l'a indiqué plus haut, et on a serré définitivement le s
vis ou boulons de ses trois oreilles, dont les trous ou fenêtres
étaient assez larges pour permettre à l'anneau la légère rotation ou déviation nécessaire au règlement de l'heure.

Il est peut-être opportun d'indiquer comment nous avons
pu faire tailler notre colonne tronquée à base elliptique par
des ouvriers ordinaires. Prenons pour exemple la latitude
de Lyon 45°45′50″. Sur une planchette rectangulaire nous
traçons l'ellipse, qui doit servir de gabarit au tailleur de
pierre, de la façon suivante : par le centre de la planchette,
on mène deux droites perpendiculaires entre elles qui consti-
tueront les deux axes de l'ellipse, ayant pour longueur $0^m,50$ et
$0^m,358$ d'après le tableau précédent pour la latitude 45°45′50″.
Nous marquons les quatre points $a\,b\,c\,d$ (fig. 21) qui seront
les sommets de l'ellipse, en portant à partir du centre les
longueurs $0^m,25$ et $0^m,179$ des demi-axes. Nous déterminons
les deux foyers e et f par la rencontre avec le grand axe $a\,b$
d'un arc de cercle $e\,f$ tracé d'un des sommets c, extrémité du
petit axe, comme centre, avec une ouverture de compas
égale à $0^m,25$, moitié du grand axe. On connaît la propriété
remarquable d'une ellipse, c'est que la somme des distances
de chacun de ses points aux deux foyers est toujours la
même et égale au grand axe de l'ellipse. Profitons de cette
propriété intéressante pour tracer l'ellipse d'un trait continu
sur notre planchette. Pour cela, on relie deux épingles par
un fil de la longueur de $0^m,50$ du grand axe de la courbe. On
plante ces deux épingles aux deux foyers e et f, et plaçant un
crayon ou une pointe à la jonction m des deux branches du
fil, on le promène sur la planchette en tenant le fil constamment tendu, et sa trace sur la planchette sera nécessairement l'ellipse demandée, puisque $e\,m$ plus $f\,m$ donnera toujours la somme $0^m,50$, longueur du grand axe.

Le menuisier scie la planchette en suivant la courbe ainsi

marquée; et c'est cette planchette en forme d'ellipse qui a été confiée au tailleur de pierres pour lui servir de gabarit dans l'établissement de notre colonne cylindrique tronquée. Enfin pour obtenir le cercle supérieur avec l'inclinaison voulue, il lui a suffi de couper cette colonne elliptique par le plan H G déterminé en prenant d'un côté au sud une hauteur arbitraire $0^m,10$ par exemple, et de l'autre au nord en sus de ces $0^m,10$ les $0^m,348,8$ consignés au tableau précédent pour le cosinus de la latitude de Lyon, $45° 45' 50''$ (fig. 21).

Nous pensons que les explications précédentes sont suffisantes pour permettre à tout lecteur d'installer, dans son domicile exposé au soleil, ce cadran solaire équatorial, si commode et si avantageux, au moyen duquel nous avons constamment, à une demi-minute près, l'heure vraie et l'heure moyenne, et qui jouit encore d'autres propriétés intéressantes que nous indiquerons plus loin. Il est tellement supérieur à tout autre cadran, qu'il les remplacera tous dans un avenir peu éloigné, quand aura disparu cette indifférence générale pour tout ce qui a une apparence scientifique.

Nos explications s'appliquent au cadran équatorial disposé comme l'indique la figure 18; on peut lui donner une forme plus commode et moins embarrassante, voici comment : tandis que le porte-lentille $c\,d$ n'a que $0^m,25$ de hauteur environ, la plaque opposée $a\,b\,c$ en a plus du double. Nous l'avons réduite de moitié, en la coupant en deux à la ligne des équinoxes $g\,h$, et cette partie supérieure $e\,g\,h$, automne et hiver, a été reportée et gravée derrière sur le revers de la moitié restante de la plaque : de sorte qu'il suffira de retourner tous les six mois, en mars et septembre, à chaque équinoxe, cette plaque ainsi réduite; mais on aura soin en même temps, pour l'automne et l'hiver, de descendre la lentille d en d' à la hauteur et vis-à-vis du point de rencontre

de la médiane avec la ligne d'équinoxe g h correspondante.
Dans ce but de retournement semestriel, la plaque ainsi réduite est attachée en bas par deux petits boulons au diamètre
mobile pivotant, et en haut à l'extrémité c de la barre d'écartement, extrémité taraudée en vis avec écrou. Le cadran de
notre jardin est organisé de cette façon.

Enfin nous avons fait une autre modification pour des
cadrans destinés à des amis, de manière à donner à l'appareil un aspect plus agréable, une forme plus symétrique.
Ce système nouveau fonctionne d'une façon satisfaisante
(fig. 22). Voici en quoi il consiste : les deux demi-lemniscates,
au lieu d'être tracées sur les deux faces d'une même plaque,
comme dans le système précédent, sont gravées sur deux
plaques différentes opposées l'une à l'autre, toujours à la
même distance, $0^m,50$, et devant servir pendant un semestre
chacune, comme dans l'appareil précédent. Ainsi que l'indique la figure 22 ci-annexée, chaque plaque est percée d'une
fenêtre pour recevoir la lentille, qui sera placée, savoir :
pour l'automne et l'hiver au bas de la plaque alors inutile du
printemps et de l'été, et pour le service de cette dernière
plaque, au haut de l'autre plaque de la mauvaise saison
devenue à son tour inutile. Et comme l'indique le dessin,
chaque fenêtre est ménagée dans sa plaque, de manière que
la lentille est toujours vis-à-vis la ligne des équinoxes de la
plaque opposée.

Un peu plus haut nous avons annoncé que ce cadran équatorial (système Guyoux) possède d'autres propriétés intéressantes. En effet il peut servir comme un instrument astronomique, à déterminer pour un jour et une heure quelconques,
heure diurne ou nocturne, en quel point du ciel au-dessus
ou au-dessous de l'horizon, se trouvera le soleil et par suite
à préciser à quel point de l'horizon et à quelle heure le soleil

se lèvera et se couchera en tout jour de l'année pour le lieu d'installation régulière du cadran.

Cette dernière propriété permet à tout observateur de dresser un tableau local des levers et couchers du soleil, et par conséquent de la durée des journées, tableau qu'on ne trouve nulle part, à moins de l'extraire de la table des corrections consignées dans l'*Annuaire du Bureau des longitudes*, pages 142 et suivantes de 1888, et appliquées par décades aux levers et couchers du soleil à Paris. Cependant il semblerait naturel, ainsi que nous l'avons exposé au commencement de ce mémoire, que tout Français, à l'instar du Parisien privilégié sous ce rapport, connût quotidiennement les heures du lever et coucher du soleil et de la lune, et par suite la durée du jour dans le lieu de son habitation ; mais malheureusement il est entretenu dans l'erreur par diverses publications presque officielles traitant de ces questions, même par les journaux départementaux, qui dans leur naïve confiance reproduisent les documents consignés sur les feuilles parisiennes, et ne s'appliquant pas aux autres latitudes.

C'est ainsi que nous avons pu relater que, malgré le calendrier des postes et télégraphes, Dunkerque et Perpignan ont, dans la durée de leurs journées aux solstices en juin et décembre, une différence de 1 heure quatorze minutes parce que leurs latitudes diffèrent de 8° 20', le soleil est constamment plus haut dans son plan horaire de 15 fois 2/3 son diamètre à Perpignan qu'à Dunkerque. Entre Paris et Lyon, aux mêmes époques solsticiales, la différence des journées est encore de 28 minutes, le soleil étant dans son plan horaire plus élevé à Lyon qu'à Paris de presque 6 fois son diamètre. Et encore nous ne tenons pas compte des différences d'éclairages crépusculaires régnant dans la partie supérieure de notre atmosphère. On distingue deux espèces de crépuscule, l'un dit civil, commençant le matin et finissant le soir, quand le soleil est à 6 degrés au dessous de l'horizon, l'autre dit astronomique correspondant à la fin ou au commencement de la nuit close, quand le soleil est sous l'horizon à 18° d'après l'*Annuaire du Bureau des longitudes*, ou à 16° d'après l'*Annuaire de l'Observatoire de Montsouris*.

Après cette petite digression, voici comment on arrive aux résultats relatés. Sur chaque plaque, on place une visée fixe A, vis-à-vis le centre de la lentille utilisée, c'est-à-dire, au bas de la plaque du printemps-été pour le service de la mauvaise saison, et en haut de l'autre plaque pendant l'autre semestre, ainsi qu'on le voit vis-à-vis des fenêtres de l'épure (fig. 22), sous le nom de visée fixe A. Puis on fera glisser à volonté le curseur B, intitulé visée mobile, dessiné avec sa coupe en dessous, au bas de la plaque automne-hiver. Les deux visées seront placées du même côté, le plus commode suivant le besoin.

Quand on voudra connaître le point du ciel, qu'occupera le soleil à une heure et à un jour donnés, on amènera l'indicateur sur l'heure prescrite, on placera le curseur B du même côté que la visée fixe A, et on l'arrêtera au moyen de sa vis, sur la déclinaison solaire du jour, suivant l'indication fournie par l'*Annuaire du Bureau des longitudes* dans le calendrier. Alors il suffira de bornoyer les deux visées fixe et mobile en plaçant contre le curseur B l'œil dont le rayon visuel se prolongera jusqu'au point cherché du ciel.

S'il s'agit de trouver l'heure du lever ou du coucher du soleil à un jour déterminé, on glissera et on arrêtera avec sa vis le curseur B à la déclinaison solaire interpolée de ce jour, puis on posera sur les deux visées A et B une règle préparée, comme l'indique la figure 23, et on fera tourner l'appareil jusqu'à ce que la règle soit horizontale, position qu'on obtiendra facilement et exactement par un niveau à bulle d'air encastré dans le milieu de la règle. Alors on pourra lire à l'heure du phénomène et déterminer le point de l'horizon alors traversé par le soleil, en suivant de l'œil le prolongement de la règle.

Ainsi que l'indique la figure 23, cette règle est à section rectangulaire (profil ab) sur la plus grande partie de sa longueur, mais à un profil pentagonal $efghi$ à ses deux extrémités devant se poser par ef et fg sur les deux visées A et B (fig. 22 et 23), parallèles à l'équateur, afin d'arriver à l'horizontalité pour sa face supérieure hi recevant le niveau. Dans le profil cd, fg est donc parallèle à l'équateur, et l'angle l égal à la latitude du lieu; il s'en suit que hi est à peu près horizontal, ce qui facilite l'opération et permet la pose régulière du niveau à bulle d'air.

Nota. — Nous avons essayé le curseur B réprésenté sur notre figure 22, mais il n'a pas fonctionné d'une manière satisfaisante, la vis unique ne serrant pas suffisamment, de façon à obtenir la fixité voulue, pour l'arrêt du curseur B. Alors nous l'avons remplacé avantageusement par le curseur B de la figure 23 (profil cd et coupe Pq) traversant complètement la plaque et pourvue de deux vis de serrage, une de chaque côté.

Il est à remarquer que le procédé précédent s'applique surtout aux pays de plaines, car pour déterminer le point de l'horizon où paraît ou disparaît le soleil dans les contrées accidentées, il suffira de faire pivoter l'appareil sans la règle, jusqu'à ce que la ligne des deux visées A et B atteigne l'horizon. Cette ligne pourra différer sensiblement de l'horizontalité ; car si nos souvenirs sont exacts, nous avons visité en 1842 une petite place forte des Pyrénées-Orientales, Villefranche, dans une vallée profonde sur le Tet, où ne pénétrait pas pendant l'hiver le soleil caché par les collines environnantes.

Ainsi ce cadran solaire équatorial (système de feu l'abbé Guyoux), en outre des heures vraies et moyennes qu'il fournit du matin au soir en chaque jour éclairé par le soleil, à la demi-minute près, jouit de propriétés remarquables, presque à l'instar d'une lunette astronomique d'Observatoire, puisqu'on peut en obtenir pour un jour quelconque les heures des levers et couchers du soleil, ainsi que les points de l'horizon alors traversés par cet astre.

Donc comme conclusion, nous avons raison de répéter que c'est l'instrument forcé de l'avenir pour toute habitation ayant une fenêtre exposée au soleil, quand sera vaincue l'indifférence publique pour tout ce qui a apparence scientifique.

Ce qui sera long probablement.

Nous pouvons appuyer cette dernière assertion par un fait caractéristique.

En juillet 1875, lors de la grande souscription publique dans toute la France, à l'occasion des inondations de la Garonne, l'article suivant a été inséré dans le milieu du principal journal de notre ville, ayant une population de 20.000 âmes.

Secours aux inondés.

« Tout le monde sait que le soleil et les montres sont rarement d'accord (quatre fois par an seulement; au milieu d'avril et de juin, au commencement de septembre et à la fin de décembre), et que la différence peut s'élever jusqu'à seize minutes et tiers, au commencement de novembre. Il serait donc commode que chacun eût chez soi le moyen de régler ses montre et pendule. Un ancien élève de l'école polytechnique, qui s'est occupé de ces questions, offre de combler cette lacune et d'établir une méridienne ou un cadran solaire chez toute personne désireuse de jouir de cette facilité, moyennant le versement à la souscription au profit des inondés d'une somme proportionnée à l'importance de l'appareil demandé.

S'adresser au bureau du journal.

Personne n'a répondu à cet appel.

J. MAYETTE,

Ancien élève de l'Ecole polytechnique, promotion 1882,
chef de bataillon du génie en retraite.
Chevalier de la Légion d'honnéur depuis 40 ans et demi.
Membre correspondant de la Société d'agriculture,
histoire naturelle et arts utiles de Lyon.
Membre correspondant de l'Académie de Mâcon.

LYON. — IMPRIMERIE PITRAT AÎNÉ, 4, RUE GENTIL.

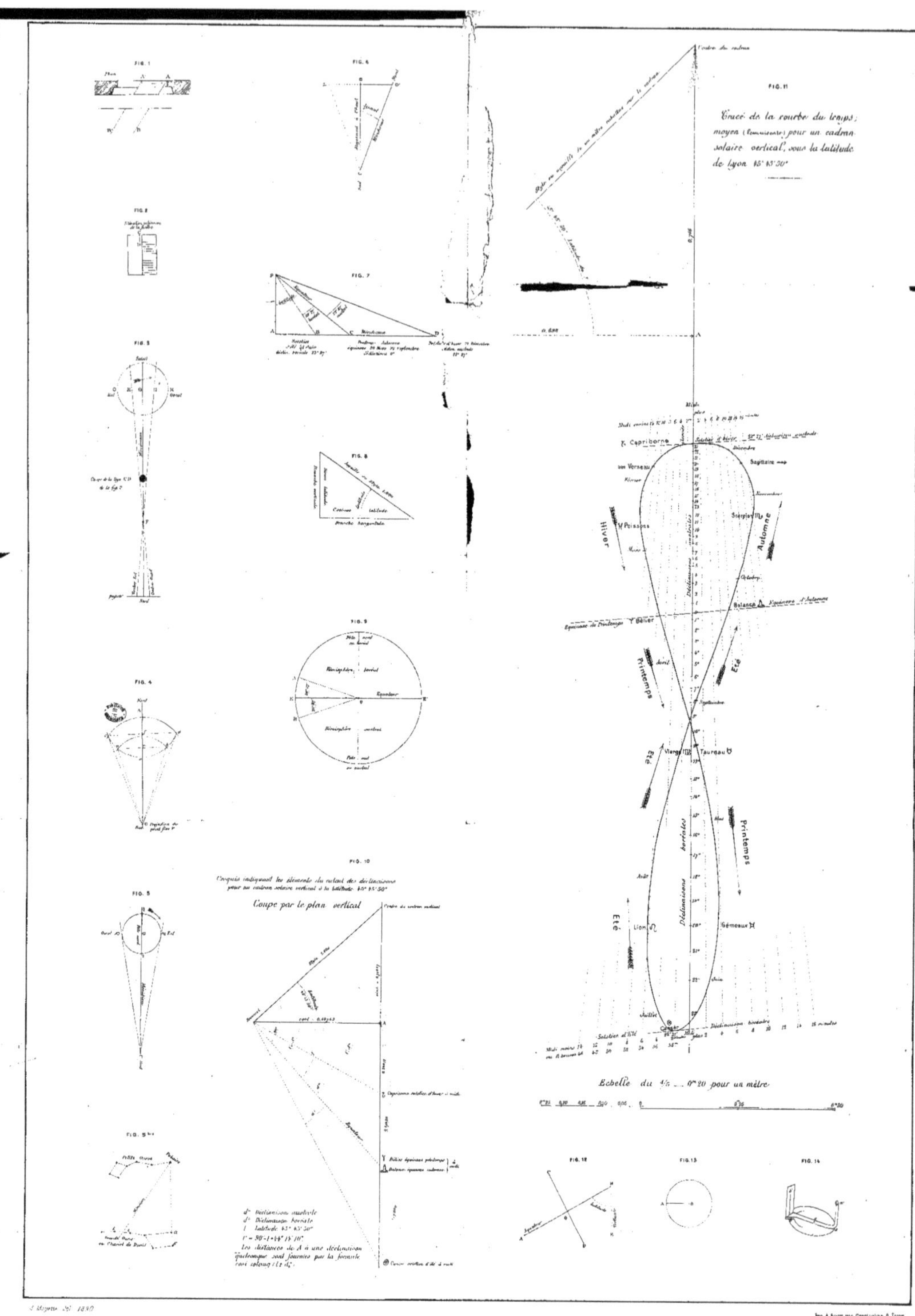

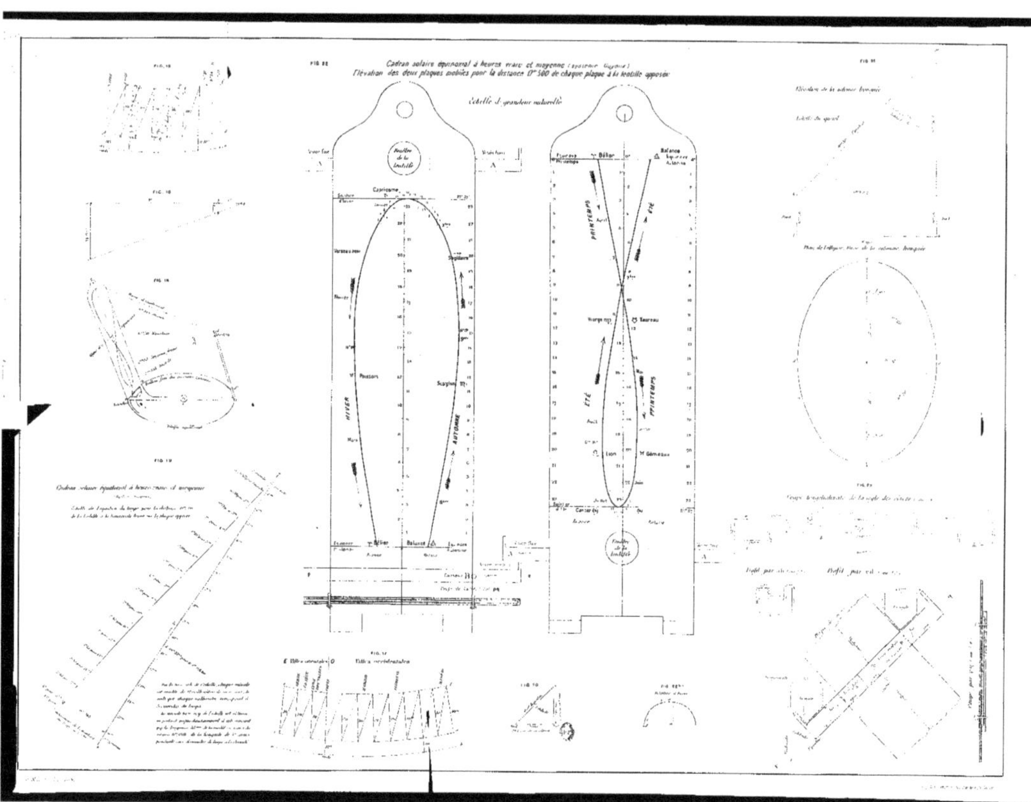